T0244818

TAROT para VIVIR

TAROT para VIVIR

Marianne Costa

Grijalbo

El papel utilizado para la impresión de este libro ha sido fabricado a partir de madera procedente de bosques y plantaciones gestionadas con los más altos estándares ambientales, garantizando una explotación de los recursos sostenible con el medio ambiente y beneficiosa para las personas.

Tarot para vivir

Primera edición en Argentina: septiembre, 2022
Primera edición en México: junio, 2024

D. R. © 2024, Marianne Costa

D. R. © 2022, Penguin Random House Grupo Editorial, S.A.
Humberto I, 555, Buenos Aires

D. R. © 2024, derechos de edición mundiales en lengua castellana excepto España:
Penguin Random House Grupo Editorial, S. A. de C. V.
Blvd. Miguel de Cervantes Saavedra núm. 301, 1er piso,
colonia Granada, alcaldía Miguel Hidalgo, C. P. 11520,
Ciudad de México

penguinlibros.com

Penguin Random House Grupo Editorial apoya la protección del *copyright*.
El *copyright* estimula la creatividad, defiende la diversidad en el ámbito de las ideas y el conocimiento, promueve la libre expresión y favorece una cultura viva. Gracias por comprar una edición autorizada de este libro y por respetar las leyes del Derecho de Autor y *copyright*. Al hacerlo está respaldando a los autores y permitiendo que PRHGE continúe publicando libros para todos los lectores.

Queda prohibido bajo las sanciones establecidas por las leyes escanear, reproducir total o parcialmente esta obra por cualquier medio o procedimiento así como la distribución de ejemplares mediante alquiler o préstamo público sin previa autorización.
Si necesita fotocopiar o escanear algún fragmento de esta obra diríjase a CemPro (Centro Mexicano de Protección y Fomento de los Derechos de Autor, https://cempro.com.mx).

ISBN: 978-607-384-596-0

Impreso en México – *Printed in Mexico*

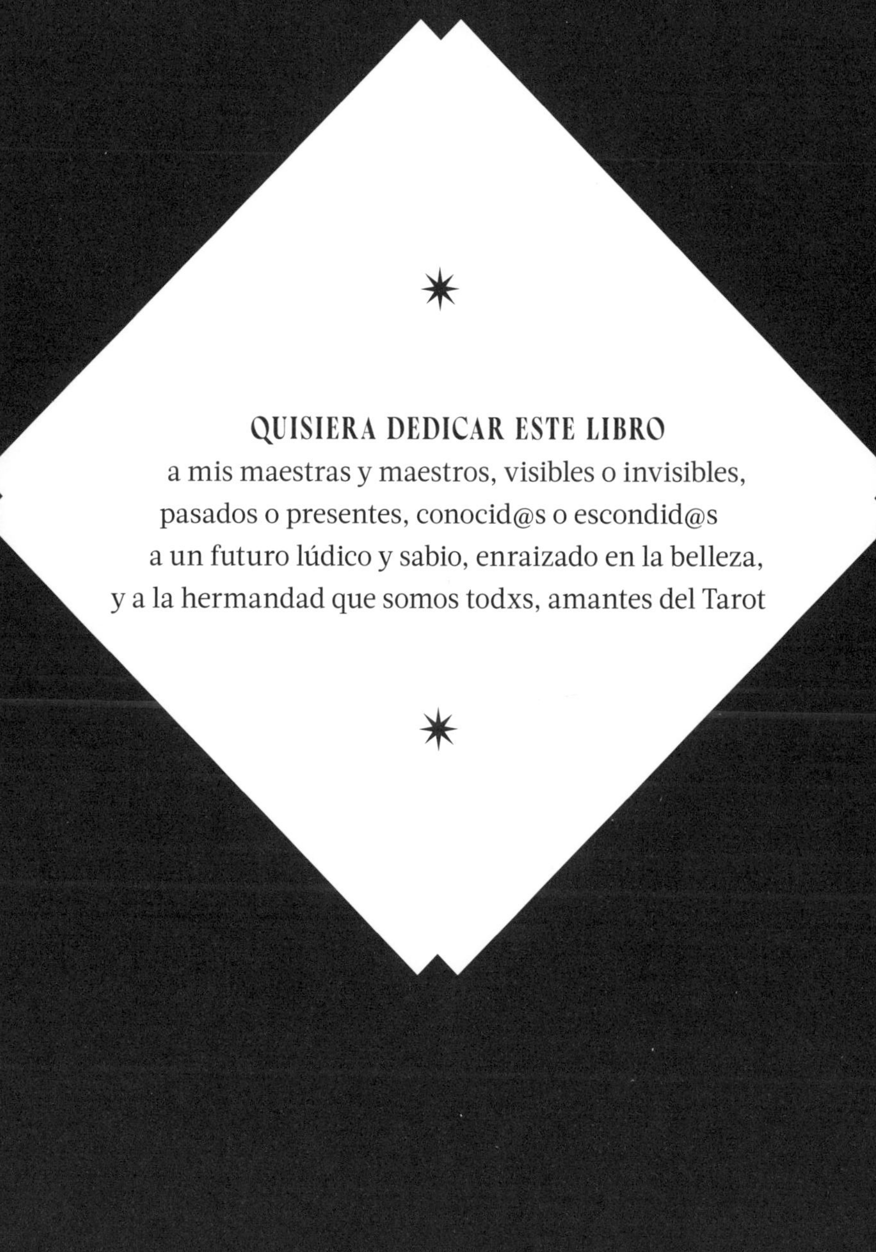

✶

QUISIERA DEDICAR ESTE LIBRO
a mis maestras y maestros, visibles o invisibles,
pasados o presentes, conocid@s o escondid@s
a un futuro lúdico y sabio, enraizado en la belleza,
y a la hermandad que somos todxs, amantes del Tarot

✶

✷

Índice

Introducción 13

ARCANOS MAYORES

	EL LOCO	18
I	EL MAGO	22
II	LA PAPISA	26
III	LA EMPERATRIZ	30
IIII	EL EMPERADOR	34
V	EL PAPA	38
VI	EL ENAMORADO	42
VII	EL CARRO	46
VIII	LA JUSTICIA	50
VIIII	EL ERMITAÑO	54
X	LA RUEDA DE LA FORTUNA	58
XI	LA FUERZA	62
XII	EL COLGADO	66
XIII	EL ARCANO SIN NOMBRE	70

XIIII LA TEMPLANZA 74
XV EL DIABLO 78
XVI LA TORRE 82
XVII LA ESTRELLA 86
XVIII LA LUNA 90
XVIIII EL SOL 94
XX EL JUICIO 98
XXI EL MUNDO 102

ARCANOS MENORES

AS DE ESPADAS 108
PAJE DE ESPADAS 112
REINA DE ESPADAS 116
REY DE ESPADAS 120
CABALLERO DE ESPADAS 124
AS DE COPAS 128
PAJE DE COPAS 132
REINA DE COPAS 136
REY DE COPAS 140
CABALLERO DE COPAS 144
AS DE OROS 148
PAJE DE OROS 152
REINA DE OROS 156
REY DE OROS 160
CABALLERO DE OROS 164
AS DE BASTOS 168
PAJE DE BASTOS 172

REINA DE BASTOS 176
REY DE BASTOS 180
CABALLERO DE BASTOS 184

BREVE CURSO DE TAROT

¿DE DÓNDE VIENE EL TAROT? 191
LA COMPOSICIÓN DEL MAZO 195
PISTAS DE INTERPRETACIÓN
DE LOS ARCANOS MAYORES 207
ALGUNAS PALABRAS SOBRE LA
NUMEROLOGÍA DEL TAROT 231
PARA PROFUNDIZAR 235

MAZO DE CARTAS

✷

Introducción

Este libro es tuyo y lo vas a escribir tú. Quizás te lo regalaron, quizás lo elegiste. ¿Es tu primer encuentro con el tarot o lo practicas desde hace años? No importa que seas principiante o expertx, que tu enfoque sea científico, creativo o de pura curiosidad, la idea es dar rienda suelta a tu relación con el tarot.

Cuando hayas llegado a la última página, habrás participado a tu manera en la historia de este juego iniciático, al igual que los maestros naiperos europeos, que lo coloreaban en los siglos XVII y XVIII, o que los innumerables autores que se abocaron a sondear e interpretar sus símbolos desde el siglo XIX.

La experiencia que te propongo en este libro es la de una inmersión en el tarot de Marsella, su simbolismo, su magia y su belleza.

Las páginas que siguen constituyen un viaje de 42 etapas por sus imágenes: primero los 22 Arcanos Mayores, también llamados "triunfos", y luego, para cada uno de los cuatro palos (Espadas, Copas, Oros y Bastos), los Ases y las cuatro figuras, Pajes, Reinas y Reyes, y Caballeros. Los diseños en blanco y negro se pueden colorear a gusto o dejar como están. Ten en cuenta que los colores del tarot no están fijados de una vez y para siempre: eres libre de interpretar cada uno de los universos que proponen estas 42 cartas y hacerlo como quieras, para llegar a un juego que lleve tus colores.

Al final, vas a encontrar un "Breve curso de tarot" a través del cual podrás adquirir los conocimientos básicos para la interpretación de las cartas si sientes que lo necesitas, pero te ruego que no vayas a mirarlo antes de haber tenido contacto de forma espontánea y creativa con las cartas... Mi experiencia es que la relación directa con el tarot es de un valor incalculable. Desarrolla la intuición y la creatividad, y revela niveles de sabiduría e inteligencia que no sabíamos que poseíamos. Después, y solo después, vienen los intercambios con otras personas que practican la tarología, incluso maestras y maestros, compañeras y compañeros, y consultantes con quienes ejercer el arte de la lectura.

La mayoría de los libros sobre tarot son en realidad las reflexiones e interpretaciones individuales de un autor que observa las cartas y deja hablar a su intuición (o sus opiniones). En estas páginas, será tu propia voz la que cuente: apoyándote en las preguntas y sugerencias que se te ofrecen junto a cada carta, podrás descubrir lo que el tarot tiene para decirte en lo particular y en lo universal.

Las siete preguntas que figuran después de la reproducción de cada carta serán las mismas para todos los arcanos: te proponen afinar tu mirada y dejar brotar, desde tu intuición y tu fantasía, tus propias respuestas, hallazgos y comentarios.

En la página siguiente, encontrarás siete propuestas (preguntas o ejercicios) que resuenan con el universo de cada arcano en particular y que te permitirán adentrarte más en la relación con él.

Para cada carta dispones de una página en blanco en la que podrás escribir, dibujar, tomar notas, crear collages.

Después de décadas de práctica, he adquirido la convicción de que el tarot es, de alguna manera, un ser vivo totalmente dispuesto a entrar en relación con nosotros para jugar, crear, explorar nuestros estados de ánimo. Un aliado precioso que nos permite desvelar nuestra sabiduría interior.

Somos libres de decidir desde qué enfoque queremos interactuar con el tarot: lúdico, psicológico, mágico, artístico... ninguno es preferible o superior al otro. Este libro puede ser tanto un juego de niños o un diario como un cuaderno de bocetos, un relato de viaje, una iniciación a la magia, una peregrinación hacia nuestra propia fuente.

¡AHORA TE TOCA JUGAR!

✷

Considero que el tarot es “queer”, en el sentido que se le daba a esta palabra en el origen del movimiento queer, en los años noventa.

El tarot considera y representa a la humanidad de forma múltiple y no solo binaria (es decir, dividida en dos géneros fijos). Cualquiera de sus cartas puede resonar íntimamente con cualquier persona, desde la multiplicidad que nos constituye.

Obviamente el tarot, siendo un juego de mesa inventado por la sociedad europea del Renacimiento, representa en su mayoría personajes femeninos y masculinos, y parejas que corresponden a la organización familiar y social de su época, y a los roles tradicionales “madre-padre”. Pero también incluye varias representaciones que escapan a cualquier definición estrecha de género.

Para respetar este hecho, en la medida de lo posible he elegido redactar las propuestas y preguntas sin definir el género. En los casos en que no ha sido posible usé:

El femenino, cuando el arcano representa un personaje claramente femenino (incluso la Luna, arquetipo materno).

El masculino, cuando el arcano representa un personaje claramente masculino (incluso el Sol, arquetipo paterno).

Las formas “a/o” o el neutro metagénero “x”, cuando el arquetipo no pertenece a un género determinado (incluso Pajes y Caballeros).

ARCANOS MAYORES

✷

EL LOCO

Soy la energía
que nunca vuelve
sobre sus pasos

Miro esta imagen y siento:

Si esta carta representara un aspecto de mi vida (presente o pasada), una escena, una persona o personas que conozco, sería:

Me concentro en esta imagen y observo un detalle, ¿qué me dice?

El contexto: ¿cómo continúa el paisaje a la izquierda, a la derecha, abajo y arriba? ¿De dónde viene el arcano y adónde va?

¿Cómo es el clima en esa escena? ¿Qué hora del día es y qué temperatura hace?

Si pudiera transformar esta carta, cambiar un detalle, agregar algo, esto es lo que haría:

Si la carta pudiera hablar, me diría:

✷

¿Alguna vez escapaste de una situación que no te convenía? ¿Adónde? ¿Cómo terminó?

Si te fueras a un destino desconocido
y solo pudieras llevar algunas cosas en
una bolsa pequeña, ¿qué tomarías?

¿Hay alguna mascota que te haya marcado?
¿Qué recuerdo tienes?
¿Esta mascota aún está por venir?

¿Qué viaje o viajes sueñas hacer?

¿Qué es para ti "la libertad"?
¿Cómo se manifiesta en tu vida?

¿Qué te da más energía?

La cosa más loca que hayas hecho
(o que harás algún día).

✷

Espacio libre para dibujo o notas

I

EL MAGO

Jugar es mi derecho.
Elegir es mi deber

Miro esta imagen y siento:

Si esta carta representara un aspecto de mi vida (presente o pasada), una escena, una persona o personas que conozco, sería:

Me concentro en esta imagen y observo un detalle, ¿qué me dice?

El contexto: ¿cómo continúa el paisaje a la izquierda, a la derecha, abajo y arriba? ¿De dónde viene el arcano y adónde va?

¿Cómo es el clima en esa escena? ¿Qué hora del día es y qué temperatura hace?

Si pudiera transformar esta carta, cambiar un detalle, agregar algo, esto es lo que haría:

Si la carta pudiera hablar, me diría:

✷

¿Qué empezaste y todavía no has terminado?

¿Cuáles son las cosas que sabes hacer con facilidad, aquellas en las que eres extremadamente hábil?

¿Qué proyecto futuro te pide tomar forma? Pon la mano sobre tu plexo solar y pregúntate: ¿adónde dirigir mi atención?

¿Alguna vez te dejaste engañar por una ilusión? ¿Qué aprendiste?

¿Qué es para ti "la magia"? ¿Cómo se manifiesta en tu vida?

¿A qué te gusta jugar y por qué?

Si todo fuera posible, si tuvieras una varita mágica, y te preguntaran: "¿Qué quieres hacer cuando crezcas?", ¿qué responderías?

✷

Espacio libre para dibujo o notas

II
LA PAPISA

Me retiro a la soledad
para conocer la unión

Miro esta imagen y siento:

Si esta carta representara un aspecto de mi vida (presente o pasada), una escena, una persona o personas que conozco, sería:

Me concentro en esta imagen y observo un detalle, ¿qué me dice?

El contexto: ¿cómo continúa el paisaje a la izquierda, a la derecha, abajo y arriba? ¿De dónde viene el arcano y adónde va?

¿Cómo es el clima en esa escena? ¿Qué hora del día es y qué temperatura hace?

Si pudiera transformar esta carta, cambiar un detalle, agregar algo, esto es lo que haría:

Si la carta pudiera hablar, me diría:

✷

La abuela ideal: ¿la conociste o puedes imaginarla?

¿Cuál es el libro o la película que más te ha impresionado? Si tuvieras que escribir un libro, interpretar un papel, ¿qué historia te gustaría contar?

¿Esperar es una experiencia agradable o desagradable para ti?

¿Dónde está tu refugio, el lugar o la circunstancia en la que te sientes segurx?

¿Qué te permite dicha seguridad, que no podría manifestarse de otra manera?

¿Qué es para ti "la pureza"? ¿Tiene lugar en tu existencia? ¿Qué haces cuando estás a solas contigo mismx? ¿Te sientes en buena compañía?

¿Cuál es tu relación con la religión, con la espiritualidad?

✷

Espacio libre para dibujo o notas

III
LA EMPERATRIZ

Soy la creatividad que fluye y se burla de los obstáculos

Miro esta imagen y siento:

Si esta carta representara un aspecto de mi vida (presente o pasada), una escena, una persona o personas que conozco, sería:

Me concentro en esta imagen y observo un detalle, ¿qué me dice?

El contexto: ¿cómo continúa el paisaje a la izquierda, a la derecha, abajo y arriba? ¿De dónde viene el arcano y adónde va?

¿Cómo es el clima en esa escena? ¿Qué hora del día es y qué temperatura hace?

Si pudiera transformar esta carta, cambiar un detalle, agregar algo, esto es lo que haría:

Si la carta pudiera hablar, me diría:

✷

¿Qué te hace feliz? ¿Qué te hace sentir que todo es posible?

¿Qué es para ti "la belleza"? ¿Qué lugar ocupa en tu vida?

Cuando llega la inspiración... ¿cómo te sientes?, ¿cómo se expresa tu creatividad?

Primavera: ¿Cuál es para ti la energía de esta temporada? ¿Cuál es el mejor recuerdo primaveral que tienes?

¿Qué es lo que te atrae y qué haces para seducir? ¿Cuál es tu fuerte, tu encanto especial?

¿Ya te has sentido especialmente conectadx con algún lugar de la naturaleza? ¿Puedes recordarlo?

¿Cuál es tu experiencia del poder? ¿En algún momento te sentiste especialmente poderosx y qué te enseñó esta experiencia? ¿Sueles ser arrogante?

✷

Espacio libre para dibujo o notas

IIII
EL EMPERADOR

La ley justa, poderosa
y suave puede derribar
cualquier dictadura

Miro esta imagen y siento:

Si esta carta representara un aspecto de mi vida (presente o pasada), una escena, una persona o personas que conozco, sería:

Me concentro en esta imagen y observo un detalle, ¿qué me dice?

El contexto: ¿cómo continúa el paisaje a la izquierda, a la derecha, abajo y arriba? ¿De dónde viene el arcano y adónde va?

¿Cómo es el clima en esa escena? ¿Qué hora del día es y qué temperatura hace?

Si pudiera transformar esta carta, cambiar un detalle, agregar algo, esto es lo que haría:

Si la carta pudiera hablar, me diría:

✷

¿Eres independiente materialmente?
Si no lo eres, ¿qué más te falta?

¿Qué es para ti "la masculinidad"? ¿Cuál es su lugar en tu existencia? ¿Cuáles son los modelos que respetas en este aspecto?

Llega una buena idea, ¿cómo la haces realidad?

¿Eres confiable? ¿Con quién, en tu entorno, sabes que puedes contar?

¿Dónde están tus raíces, el territorio donde realmente te sientes en casa?

¿Qué autoridad estás dispuestx a aceptar?
¿En qué consiste tu propia autoridad?

¿Prefieres respetar los límites o superarlos?
¿Cómo se manifiesta para ti el orden justo y qué haces para instaurarlo?

✷

Espacio libre para dibujo o notas

V

EL PAPA

El verdadero maestro
es siempre un discípulo

Miro esta imagen y siento:

Si esta carta representara un aspecto de mi vida (presente o pasada), una escena, una persona o personas que conozco, sería:

Me concentro en esta imagen y observo un detalle, ¿qué me dice?

El contexto: ¿cómo continúa el paisaje a la izquierda, a la derecha, abajo y arriba? ¿De dónde viene el arcano y adónde va?

¿Cómo es el clima en esa escena? ¿Qué hora del día es y qué temperatura hace?

Si pudiera transformar esta carta, cambiar un detalle, agregar algo, esto es lo que haría:

Si la carta pudiera hablar, me diría:

✷

¿Tienes un ideal? ¿Estás dispuestx a correr riesgos para hacerlo realidad?

¿Qué palabras (consejos, poemas, declaraciones de amor, canciones) realmente importantes has escuchado en tu vida? ¿Qué cambios produjeron en ti?

¿Cuál es tu relación con la tradición, la religión, tu familia y tu cultura de origen?

¿Qué significa para ti "lo sagrado"? ¿Qué lugar ocupa en tu vida?

¿Hay algún profesor o profesora que te haya impresionado particularmente?, ¿por qué? ¿Qué te enseñó esa persona?

Visualízate subiendo a un puente, ¿adónde te lleva?

¿Cuáles son tus valores? ¿Cómo se expresan en tu vida cotidiana?

✷

Espacio libre para dibujo o notas

VI
EL ENAMORADO

Ama
y haz lo que quieras

Miro esta imagen y siento:

Si esta carta representara un aspecto de mi vida (presente o pasada), una escena, una persona o personas que conozco, sería:

Me concentro en esta imagen y observo un detalle, ¿qué me dice?

El contexto: ¿cómo continúa el paisaje a la izquierda, a la derecha, abajo y arriba? ¿De dónde viene el arcano y adónde va?

¿Cómo es el clima en esa escena? ¿Qué hora del día es y qué temperatura hace?

Si pudiera transformar esta carta, cambiar un detalle, agregar algo, esto es lo que haría:

Si la carta pudiera hablar, me diría:

✷

¿Qué porcentaje de tu día está
dedicado a hacer cosas que te gustan?
¿Cuáles son esas actividades?

¿Tuviste hermanos y hermanas?
¿Amigos y amigas de la infancia
o de la juventud? ¿Qué vínculos
tienes hoy con estas personas?

¿Cuántas veces te enamoraste?
¿Qué aprendiste?

¿Qué te gusta más: la compañía o la soledad?
¿Compartir sin celos o tener exclusividad?
¿Te dejas manipular fácilmente?

"Cuantos más, mejor", ¿estás de acuerdo?

¿Cuál fue la decisión más difícil que has
tenido que tomar? ¿Cómo terminó?

¿Cómo va tu vida afectiva? ¿Qué es para ti
"el amor" y cómo se manifiesta en tu existencia?

✷

Espacio libre para dibujo o notas

VII
EL CARRO

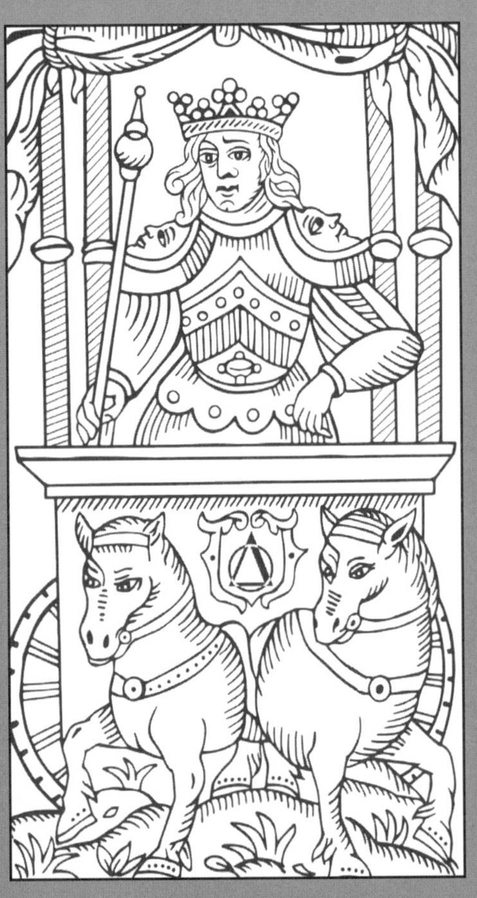

Servir es actuar en armonía
con las necesidades de
la situación

Miro esta imagen y siento:

Si esta carta representara un aspecto de mi vida (presente o pasada), una escena, una persona o personas que conozco, sería:

Me concentro en esta imagen y observo un detalle, ¿qué me dice?

El contexto: ¿cómo continúa el paisaje a la izquierda, a la derecha, abajo y arriba? ¿De dónde viene el arcano y adónde va?

¿Cómo es el clima en esa escena? ¿Qué hora del día es y qué temperatura hace?

Si pudiera transformar esta carta, cambiar un detalle, agregar algo, esto es lo que haría:

Si la carta pudiera hablar, me diría:

✷

Tienes que cumplir una tarea importante...
¿Cómo lo haces?, ¿cómo
manifiestas tu intención?

¿Sabes manejar?, ¿tienes un vehículo?
¿Te gusta la velocidad, la sensación
de potencia, la aceleración?

¿Qué significa para ti "triunfar"?
¿Cómo expresas en tu vida tu propia voz?
¿Te atreves a reivindicar tu éxito?

El mejor viaje que hiciste hasta ahora...

¿En qué ámbito o disciplina eres excelente?

"Cada uno tendrá sus quince minutos de gloria": ¿los has tenido alguna vez? ¿Los buscas en las redes sociales o más bien en la vida real?

El día que decidiste levantarte y
cambiar las cosas... ¿qué pasó?

✷

Espacio libre para dibujo o notas

VIII
LA JUSTICIA

Soy testigo impecable
de lo justo y lo injusto

Miro esta imagen y siento:

Si esta carta representara un aspecto de mi vida (presente o pasada), una escena, una persona o personas que conozco, sería:

Me concentro en esta imagen y observo un detalle, ¿qué me dice?

El contexto: ¿cómo continúa el paisaje a la izquierda, a la derecha, abajo y arriba? ¿De dónde viene el arcano y adónde va?

¿Cómo es el clima en esa escena? ¿Qué hora del día es y qué temperatura hace?

Si pudiera transformar esta carta, cambiar un detalle, agregar algo, esto es lo que haría:

Si la carta pudiera hablar, me diría:

✷

¿Te cuesta decir "no"? ¿Cómo estableces los límites que necesitas?

¿Cuáles crees que son las cualidades más importantes para ser madre?

¿Qué es para ti "el equilibrio"? ¿Cómo se manifiesta en tu vida?

¿Has tenido problemas con la justicia? ¿Cuál es tu relación con las instituciones, la ley?

¿Eres perfeccionista o demasiado exigente? ¿Qué aprendiste de tus errores?

¿Alguna vez has sufrido una injusticia? ¿Bajo qué circunstancias? Si tuvieras todo el poder, ¿qué harías para remediar esa injusticia?

¿Hay lugar en tu vida para hacer trampa?¿Lo ves compatible con la honestidad, la integridad?

✷

Espacio libre para dibujo o notas

VIIII

EL ERMITAÑO

Soy la intimidad silenciosa,
el amor secreto que nunca
te abandona

Miro esta imagen y siento:

Si esta carta representara un aspecto de mi vida (presente o pasada), una escena, una persona o personas que conozco, sería:

Me concentro en esta imagen y observo un detalle, ¿qué me dice?

El contexto: ¿cómo continúa el paisaje a la izquierda, a la derecha, abajo y arriba? ¿De dónde viene el arcano y adónde va?

¿Cómo es el clima en esa escena? ¿Qué hora del día es y qué temperatura hace?

Si pudiera transformar esta carta, cambiar un detalle, agregar algo, esto es lo que haría:

Si la carta pudiera hablar, me diría:

✷

¿Cuál es tu relación con el pasado: alegre o nostálgica? ¿Estás repletx de recuerdos o eres casi amnésicx?

¿Cómo vives los tiempos de crisis y cuáles son tus puntos de apoyo?

El consejero o sabio ideal a quien acudir en los momentos difíciles: un médico, un maestro, un abuelo... ¿Lo conociste o cómo te lo imaginas?

¿Estás cómodx con la soledad, con el silencio? ¿Qué lugar ocupan en tu vida?

"Tener experiencia": ¿Qué significa para ti? ¿Qué importancia le das?

¿El afecto debe ser demostrativo? ¿Te sientes a gusto con cierta distancia o frialdad?

✷

Espacio libre para dibujo o notas

X
LA RUEDA DE LA FORTUNA

En el misterio del fin nace
el secreto del principio

Miro esta imagen y siento:

Si esta carta representara un aspecto de mi vida (presente o pasada), una escena, una persona o personas que conozco, sería:

Me concentro en esta imagen y observo un detalle, ¿qué me dice?

El contexto: ¿cómo continúa el paisaje a la izquierda, a la derecha, abajo y arriba? ¿De dónde viene el arcano y adónde va?

¿Cómo es el clima en esa escena? ¿Qué hora del día es y qué temperatura hace?

Si pudiera transformar esta carta, cambiar un detalle, agregar algo, esto es lo que haría:

Si la carta pudiera hablar, me diría:

✷

¿Alguna vez has apostado, jugado, ganado o perdido dinero?

¿Qué es para ti "la incertidumbre"?, ¿qué lugar tiene en tu vida y cómo la afrontas?

Una definición de locura: "Seguir haciendo lo mismo creyendo que la situación va a cambiar". ¿Alguna vez te has sentido así? ¿Cuál fue el resultado?

¿Crees en la reencarnación? Si pudieras elegir cómo reencarnar, ¿qué querrías?

Frente a un bloqueo, de un callejón sin salida, ¿cómo te sientes? ¿Cuál es tu estrategia para seguir adelante?

Si pudieras atraer la suerte, ¿qué le pedirías?

¿Has experimentado cambios bruscos, la impresión de que todo termina de un golpe?

✷

Espacio libre para dibujo o notas

XI

LA FUERZA

Soy la valentía del instante,
la ternura inmensa que
yace en la profundidad

Miro esta imagen y siento:

Si esta carta representara un aspecto de mi vida (presente o pasada), una escena, una persona o personas que conozco, sería:

Me concentro en esta imagen y observo un detalle, ¿qué me dice?

El contexto: ¿cómo continúa el paisaje a la izquierda, a la derecha, abajo y arriba? ¿De dónde viene el arcano y adónde va?

¿Cómo es el clima en esa escena? ¿Qué hora del día es y qué temperatura hace?

Si pudiera transformar esta carta, cambiar un detalle, agregar algo, esto es lo que haría:

Si la carta pudiera hablar, me diría:

✷

¿Tienes intuición? ¿Qué importancia
les das a tus certezas instintivas?

Cuando eras niñx, ¿ibas al circo?
¿Cuáles eran tus atracciones favoritas?

"¡Quiero!": la primera vez que tu
voluntad, tu deseo, se han manifestado
de manera imperiosa fue...

¿Qué es para ti "la creatividad"?
¿Cómo se manifiesta en tu vida?

Se presenta un peligro, un periodo
difícil que requiere valor... ¿Cuáles
son tus recursos, tus aliados?

¿Cuál es tu parte "salvaje", tu relación
con la naturaleza? ¿Cuál fue la mejor
experiencia que tuviste en el bosque,
en el mar o en las montañas?

¿Tienes sangre fría o te dejas arrebatar por las
emociones? ¿Sabes canalizar tu energía?

✷

Espacio libre para dibujo o notas

XII

EL COLGADO

Espero sin esperar nada,
la duración se disuelve
en una felicidad serena

Miro esta imagen y siento:

Si esta carta representara un aspecto de mi vida (presente o pasada), una escena, una persona o personas que conozco, sería:

Me concentro en esta imagen y observo un detalle, ¿qué me dice?

El contexto: ¿cómo continúa el paisaje a la izquierda, a la derecha, abajo y arriba? ¿De dónde viene el arcano y adónde va?

¿Cómo es el clima en esa escena? ¿Qué hora del día es y qué temperatura hace?

Si pudiera transformar esta carta, cambiar un detalle, agregar algo, esto es lo que haría:

Si la carta pudiera hablar, me diría:

✷

¿Alguna vez has cambiado radicalmente de punto de vista? ¿Qué consecuencias tuvo?

¿Qué es para ti "el reposo"? ¿Qué lugar le das en tu existencia diaria?

¿Alguna vez te han castigado?, ¿cómo afectó tu vida?

Es imposible elegir entre dos opciones... ¿sabes tomarte el tiempo para oscilar hasta que aparezca la solución?

¿Has estado enfermx o has tenido algún accidente? ¿Qué experiencias positivas surgieron de este tiempo de inacción?

¿A veces te colocas cabeza abajo? ¿Cómo te sientes?

¿Qué sabes de tu árbol genealógico y de las tres generaciones que te precedieron?

✷

Espacio libre para dibujo o notas

XIII
EL ARCANO SIN NOMBRE

Desde la médula de mis huesos, brota la sustancia que te da vida

Miro esta imagen y siento:

Si esta carta representara un aspecto de mi vida (presente o pasada), una escena, una persona o personas que conozco, sería:

Me concentro en esta imagen y observo un detalle, ¿qué me dice?

El contexto: ¿cómo continúa el paisaje a la izquierda, a la derecha, abajo y arriba? ¿De dónde viene el arcano y adónde va?

¿Cómo es el clima en esa escena? ¿Qué hora del día es y qué temperatura hace?

Si pudiera transformar esta carta, cambiar un detalle, agregar algo, esto es lo que haría:

Si la carta pudiera hablar, me diría:

✷

Llega el momento de limpiar, ordenar, tirar... ¿qué energía, qué actitud te ayuda?

¿Cómo aceptas las emociones profundas que surgen sin previo aviso?

¿Qué es para ti "la revolución"? ¿Cómo se manifiesta en tu vida?

¿Has atravesado algún duelo? ¿Qué aprendiste y recibiste de esa pérdida?

¿Puedes sentir la presencia de tu esqueleto en tu cuerpo?

Cuando te atacan, ¿eres capaz de defenderte? ¿Tienes miedo de la violencia? ¿Cómo lo manejas?¿Cómo se manifiesta tu propia agresividad?

¿Cuál es tu relación con la tierra, las cuevas y los subterráneos? ¿Alguna vez has hecho espeleología? ¿Hay abono en tu jardín?

✷

Espacio libre para dibujo o notas

XIIII
LA TEMPLANZA

El ángel de la guarda
no es otro que tu propia
benevolencia

Miro esta imagen y siento:

Si esta carta representara un aspecto de mi vida (presente o pasada), una escena, una persona o personas que conozco, sería:

Me concentro en esta imagen y observo un detalle, ¿qué me dice?

El contexto: ¿cómo continúa el paisaje a la izquierda, a la derecha, abajo y arriba? ¿De dónde viene el arcano y adónde va?

¿Cómo es el clima en esa escena? ¿Qué hora del día es y qué temperatura hace?

Si pudiera transformar esta carta, cambiar un detalle, agregar algo, esto es lo que haría:

Si la carta pudiera hablar, me diría:

*

En la infancia, ¿a quién acudías cuando estabas en problemas? ¿Y hoy?

¿Qué te motiva más a la benevolencia y a la gratitud?

¿Alguna vez recibiste, inesperadamente, una respuesta o información importante, como "caída del cielo"?

¿Qué es para ti "sanar"? ¿Qué experiencias evoca esa palabra?

¿Qué relación tienes con tus seres queridos que han dejado este mundo? ¿Están presentes en tu corazón, en tu vida cotidiana?

¿Qué te hace sentir ecuánime?, ¿qué te permite reunificarte frente a un dilema?

¿Estás a gusto frente a personas indefinibles o en circunstancias en las que coexisten dos ambientes, dos realidades?

*

Espacio libre para dibujo o notas

XV

EL DIABLO

Tu mayor talento se arraiga en tu mayor debilidad: ¡atrévete a ser tú!

Miro esta imagen y siento:

Si esta carta representara un aspecto de mi vida (presente o pasada), una escena, una persona o personas que conozco, sería:

Me concentro en esta imagen y observo un detalle, ¿qué me dice?

El contexto: ¿cómo continúa el paisaje a la izquierda, a la derecha, abajo y arriba? ¿De dónde viene el arcano y adónde va?

¿Cómo es el clima en esa escena? ¿Qué hora del día es y qué temperatura hace?

Si pudiera transformar esta carta, cambiar un detalle, agregar algo, esto es lo que haría:

Si la carta pudiera hablar, me diría:

✷

¿Cuál es tu mayor riqueza? ¿Es material?

¿Qué es para ti “la pasión” y cómo la vives?

¿Qué es lo que más te avergüenza? ¿Eres capaz de mirarte a la cara en cualquier circunstancia y reírte de ti mismx?

¿De qué te sientes dependiente y con qué (o quién) sientes un vínculo profundo? ¿Cuál es la diferencia entre los dos estados?

¿Cuáles son tus talentos ocultos o aún por desarrollar? ¿Cómo planeas hacerlo?

¿Alguna tentación que no puedas resistir?

Debes firmar un contrato o hacer un pacto que te comprometa: ¿qué precauciones tomas?, ¿qué haces para involucrarte con serenidad?

✷

Espacio libre para dibujo o notas

XVI

LA TORRE

Todo cambia
constantemente, la vida
es un festival de novedades

Miro esta imagen y siento:

Si esta carta representara un aspecto de mi vida (presente o pasada), una escena, una persona o personas que conozco, sería:

Me concentro en esta imagen y observo un detalle, ¿qué me dice?

El contexto: ¿cómo continúa el paisaje a la izquierda, a la derecha, abajo y arriba? ¿De dónde viene el arcano y adónde va?

¿Cómo es el clima en esa escena? ¿Qué hora del día es y qué temperatura hace?

Si pudiera transformar esta carta, cambiar un detalle, agregar algo, esto es lo que haría:

Si la carta pudiera hablar, me diría:

✷

¿Te has mudado alguna vez? ¿Cómo te fue?

El día que se reveló un secreto... ¿Lo filtraste tú? ¿O te cayó como un trueno?

¿Alguna vez has tenido un "momento eureka"? ¿Qué te abre la mente y te permite ver las cosas desde un ángulo inusual?

Lo que parecía una catástrofe terminó bien, contra todo pronóstico: ¿qué pasó?

Separación o liberación. Cuando un vínculo se rompe, ¿cómo te sientes?

¿Qué es para ti "la fiesta"? ¿Cómo se manifiesta en tu vida?

Cuando todo se derrumba, ¿tratas de salvar lo mínimo o aprovechas para inventar algo nuevo?

✷

Espacio libre para dibujo o notas

XVII

LA ESTRELLA

Toma tu lugar
y ofrece la riqueza
infinita que es solo tuya

Miro esta imagen y siento:

Si esta carta representara un aspecto de mi vida (presente o pasada), una escena, una persona o personas que conozco, sería:

Me concentro en esta imagen y observo un detalle, ¿qué me dice?

El contexto: ¿cómo continúa el paisaje a la izquierda, a la derecha, abajo y arriba? ¿De dónde viene el arcano y adónde va?

¿Cómo es el clima en esa escena? ¿Qué hora del día es y qué temperatura hace?

Si pudiera transformar esta carta, cambiar un detalle, agregar algo, esto es lo que haría:

Si la carta pudiera hablar, me diría:

✷

¿Dónde te sientes “en tu casa”? ¿Es un
lugar donde vives, donde vas a menudo?

¿Cuál es tu mayor esperanza?
¿Qué sería para ti el Paraíso en la tierra
y cuál sería tu rol en este espacio?

¿En qué necesitas relajarte y
qué podría ayudarte?

¿Es fácil para ti dar, ayudar, servir?
¿Es fácil para ti recibir, disfrutar, acoger?

¿Qué es para ti “la autenticidad”?
¿Cómo se manifiesta en tu vida?

¿Cómo participas en mantener, alimentar
y mejorar el lugar donde vives? ¿Trabajas?

¿En qué momentos de tu existencia has
sentido que eras realmente afortunadx,
que te guiaba una buena estrella?

✷

Espacio libre para dibujo o notas

XVIII
LA LUNA

No importa de dónde vengas, me encontrarás: todos los caminos conducen a mí

Miro esta imagen y siento:

Si esta carta representara un aspecto de mi vida (presente o pasada), una escena, una persona o personas que conozco, sería:

Me concentro en esta imagen y observo un detalle, ¿qué me dice?

El contexto: ¿cómo continúa el paisaje a la izquierda, a la derecha, abajo y arriba? ¿De dónde viene el arcano y adónde va?

¿Cómo es el clima en esa escena? ¿Qué hora del día es y qué temperatura hace?

Si pudiera transformar esta carta, cambiar un detalle, agregar algo, esto es lo que haría:

Si la carta pudiera hablar, me diría:

✷

El puerto más bello, la orilla más
hermosa que jamás hayas visitado...

¿Qué relación tienes con tus sueños? ¿Los recuerdas al despertar? ¿Alguna vez los anotas?

En tu infancia, ¿te daba miedo la oscuridad? ¿Cuál es ahora tu relación con la noche, las tinieblas? ¿Te encanta dormir o prefieres pasar la noche haciendo cosas?

¿Sabes nadar? ¿Dónde y cuándo aprendiste? ¿Cuál es tu relación con el agua?

¿Las fases de la luna afectan tu estado de ánimo? ¿Qué es lo que más influye en tus emociones?

¿Qué es para ti "la poesía"? ¿Qué lugar ocupa en tu existencia?, ¿en qué forma?

¿La luna para ti es una abuela cósmica o un satélite que el ser humano pisó por primera vez en 1969?

✷

Espacio libre para dibujo o notas

XVIIII
EL SOL

Soy la raíz misma
del perdón, el destino
de todos los viajes

Miro esta imagen y siento:

Si esta carta representara un aspecto de mi vida (presente o pasada), una escena, una persona o personas que conozco, sería:

Me concentro en esta imagen y observo un detalle, ¿qué me dice?

El contexto: ¿cómo continúa el paisaje a la izquierda, a la derecha, abajo y arriba? ¿De dónde viene el arcano y adónde va?

¿Cómo es el clima en esa escena? ¿Qué hora del día es y qué temperatura hace?

Si pudiera transformar esta carta, cambiar un detalle, agregar algo, esto es lo que haría:

Si la carta pudiera hablar, me diría:

*

¿Te gusta el calor? ¿Cuál es tu lugar ideal para pasar el verano?

¿Cuál es tu recuerdo de infancia preferido?

¿Qué es para ti el "amor incondicional"?, ¿tiene un lugar en tu vida?, ¿de qué forma?

Si fueras a pasar algún tiempo en una isla desierta, ¿a quién llevarías en ese viaje?

¿Alguna vez has abandonado un mundo antiguo, una construcción que querías para intentar tener una nueva aventura? ¿Cómo terminó?

¿Cuáles crees que son las cualidades más importantes para ser padre?

Un ejemplo de solidaridad, camaradería o reconciliación que te haya marcado.

*

Espacio libre para dibujo o notas

XX

EL JUICIO

Desear es renacer:
te llamo a crear lo
que aún no existe

Miro esta imagen y siento:

Si esta carta representara un aspecto de mi vida (presente o pasada), una escena, una persona o personas que conozco, sería:

Me concentro en esta imagen y observo un detalle, ¿qué me dice?

El contexto: ¿cómo continúa el paisaje a la izquierda, a la derecha, abajo y arriba? ¿De dónde viene el arcano y adónde va?

¿Cómo es el clima en esa escena? ¿Qué hora del día es y qué temperatura hace?

Si pudiera transformar esta carta, cambiar un detalle, agregar algo, esto es lo que haría:

Si la carta pudiera hablar, me diría:

✷

¿Tienes percepciones extrasensoriales? ¿Cuál es tu relación con lo invisible?

¿Qué significa “la familia” para ti? ¿Conoces las circunstancias en las que naciste?

¿Cuál es tu concepción de la pareja ideal?, ¿hay parejas reales (vivas o muertas, conocidas o desconocidas) a las que consideres ideales?

¿Tienes una vocación, una finalidad en la vida? ¿Sientes un llamado particular? ¿Cómo respondes a eso?

¿Qué lugar ocupa la música en tu vida? ¿Qué te gustaría hacer al respecto?

¿Alguna vez has sentido un deseo irresistible? ¿Cómo terminó?

¿Qué opinas: “hay que ver para creer” o “hay que creer para ver”? ¿Tienes la fe o la certeza de algo?

✷

Espacio libre para dibujo o notas

XXI
EL MUNDO

Bailo la alegría de ser
y la delicia de existir

Miro esta imagen y siento:

Si esta carta representara un aspecto de mi vida (presente o pasada), una escena, una persona o personas que conozco, sería:

Me concentro en esta imagen y observo un detalle, ¿qué me dice?

El contexto: ¿cómo continúa el paisaje a la izquierda, a la derecha, abajo y arriba? ¿De dónde viene el arcano y adónde va?

¿Cómo es el clima en esa escena? ¿Qué hora del día es y qué temperatura hace?

Si pudiera transformar esta carta, cambiar un detalle, agregar algo, esto es lo que haría:

Si la carta pudiera hablar, me diría:

✷

Todo está abierto, todo es posible:
¿adónde vas, para hacer qué, con quién?

¿Tienes sentido de la orientación? ¿Cómo te
orientas?, ¿con qué puntos de referencia?

¿Bailar es parte de tu vida? ¿De qué forma?
Si todo fuera posible, ¿cómo te moverías?

¿Cuál es tu "brújula interior", la que
te permite hacer pie en ti mismx
sin descuidar ningún aspecto?

En potencia, cada ser humano es
campeón, genio, sabia y heroína: ¿cuál
de estas cuatro opciones te corresponde
mejor y cómo la encarnas?

¿Qué es para ti "lo femenino"?
¿Cómo se manifiesta en tu vida?

¿Has tenido grandes éxitos, grandes logros?
¿Cuál es hoy tu objetivo, tu "grito del corazón"?

✷

Espacio libre para dibujo o notas

ARCANOS MENORES

AS DE ESPADAS

En sus innumerables formas, el tesoro de la inteligencia brilla en cada uno de nosotros

Miro esta imagen y siento:

Si esta carta representara un aspecto de mi vida (presente o pasada), una escena, una persona o personas que conozco, sería:

Me concentro en esta imagen y observo un detalle, ¿qué me dice?

El contexto: ¿cómo continúa el paisaje a la izquierda, a la derecha, abajo y arriba? ¿De dónde viene el arcano y adónde va?

¿Cómo es el clima en esa escena? ¿Qué hora del día es y qué temperatura hace?

Si pudiera transformar esta carta, cambiar un detalle, agregar algo, esto es lo que haría:

Si la carta pudiera hablar, me diría:

✷

EJERCICIO

Cierra los ojos y ubica tu sensación entre las dos cejas, unos 3 cm dentro de tu cráneo. En este lugar coloca la palabra "Sí" y deja que resuene.

Si tuvieras una inteligencia sin límites, ¿cómo se manifestaría? ¿Qué inventarías o desarrollarías?

¿Te gusta el sonido de tu propia voz?

Tu mejor "truco" para convencer a los demás y convencerlos de tu punto de vista...

Cuando quieres expresar algo importante, ¿cómo lo haces?

¿Cuál es tu lengua materna y cuáles son las otras lenguas o lenguajes que practicas, o en los que te gustaría expresarte?

¿Alguna vez has afilado un cuchillo? ¿Alguna vez te has cortado accidentalmente?

✷

Espacio libre para dibujo o notas

PAJE DE ESPADAS

Confía en tu profunda
verdad y encontrarás
las palabras

Miro esta imagen y siento:

Si esta carta representara un aspecto de mi vida (presente o pasada), una escena, una persona o personas que conozco, sería:

Me concentro en esta imagen y observo un detalle, ¿qué me dice?

El contexto: ¿cómo continúa el paisaje a la izquierda, a la derecha, abajo y arriba? ¿De dónde viene el arcano y adónde va?

¿Cómo es el clima en esa escena? ¿Qué hora del día es y qué temperatura hace?

Si pudiera transformar esta carta, cambiar un detalle, agregar algo, esto es lo que haría:

Si la carta pudiera hablar, me diría:

✷

EJERCICIO

Abre un libro al azar, cinco veces seguidas, poniendo el dedo en una palabra (verbo, nombre, adjetivo o adverbio) y anótala. Luego, crea una frase o escribe una pequeña historia con estas cinco palabras.

¿Tienes tendencia a criticar a los demás? ¿Cómo te sientes cuando te critican?

En la escuela, ¿cuál era tu asignatura favorita?

Cuando dudas o no entiendes, ¿a quién o a qué recurres para iluminarte?

¿Confías más en la razón o en la intuición?

¿Te comunicas fácilmente con seres que no manejan el lenguaje articulado (animales, bebés) y con personas que hablan una lengua distinta a la tuya?

¿Cuál fue la mejor idea que tuviste?

✷

Espacio libre para dibujo o notas

REINA DE ESPADAS

La flor de la palabra
se enraíza en el sentir
de mi cuerpo

Miro esta imagen y siento:

Si esta carta representara un aspecto de mi vida (presente o pasada), una escena, una persona o personas que conozco, sería:

Me concentro en esta imagen y observo un detalle, ¿qué me dice?

El contexto: ¿cómo continúa el paisaje a la izquierda, a la derecha, abajo y arriba? ¿De dónde viene el arcano y adónde va?

¿Cómo es el clima en esa escena? ¿Qué hora del día es y qué temperatura hace?

Si pudiera transformar esta carta, cambiar un detalle, agregar algo, esto es lo que haría:

Si la carta pudiera hablar, me diría:

✷

EJERCICIO

Relájate, pon la mano sobre tu barriga y "escucha" lo que está pasando en este lugar donde está tu palma. Dilo en voz alta, aunque sea una imagen o una palabra aparentemente absurda. Presta atención a si tu cuerpo se siente comprendido.

¿Con quién sueles estar de acuerdo? ¿En quién confías para expresarte sinceramente?

¿Cómo "digieres" los desacuerdos y los malentendidos? ¿Cuál es tu refugio, tu solución?

¿Cuáles son tus héroes de ficción favoritos? ¿Con quién te identificas?

Si tuvieras que volver a estudiar, ¿qué asignatura elegirías?

¿Tienes buena memoria? ¿Cuál es tu relación con los recuerdos?

¿Te sientes cómodx cuando alguien te cuenta un secreto o viene a pedirte consejo?

✷

Espacio libre para dibujo o notas

REY DE ESPADAS

El amor, en mí, toma
forma de claridad
y de verdad

Miro esta imagen y siento:

Si esta carta representara un aspecto de mi vida (presente o pasada), una escena, una persona o personas que conozco, sería:

Me concentro en esta imagen y observo un detalle, ¿qué me dice?

El contexto: ¿cómo continúa el paisaje a la izquierda, a la derecha, abajo y arriba? ¿De dónde viene el arcano y adónde va?

¿Cómo es el clima en esa escena? ¿Qué hora del día es y qué temperatura hace?

Si pudiera transformar esta carta, cambiar un detalle, agregar algo, esto es lo que haría:

Si la carta pudiera hablar, me diría:

✷

EJERCICIO

Mírate en el espejo repitiendo tu nombre y apellido muchas veces hasta que no tengan sentido.

¿Cómo te afecta? ¿Te gusta expresarte en público? ¿Qué podrías mejorar en este campo?

¿Cuál es tu especialidad?, ¿en qué podrías ayudar a otras personas explicándoles "cómo funciona"?

¿Qué es "la verdad" y qué lugar ocupa en tu vida?

¿Qué temas te interesan más? ¿A quién puedes escuchar sin cansarte?

¿Cuáles fueron las ideas que más te sirvieron y te ayudaron a construirte?

¿Tienes sentido del humor?, ¿eres ocurrente? ¿Qué es lo que más te hace reír?

✷

Espacio libre para dibujo o notas

CABALLERO DE ESPADAS

Todas las voces del
mundo resuenan en el
corazón de mi silencio

Miro esta imagen y siento:

Si esta carta representara un aspecto de mi vida (presente o pasada), una escena, una persona o personas que conozco, sería:

Me concentro en esta imagen y observo un detalle, ¿qué me dice?

El contexto: ¿cómo continúa el paisaje a la izquierda, a la derecha, abajo y arriba? ¿De dónde viene el arcano y adónde va?

¿Cómo es el clima en esa escena? ¿Qué hora del día es y qué temperatura hace?

Si pudiera transformar esta carta, cambiar un detalle, agregar algo, esto es lo que haría:

Si la carta pudiera hablar, me diría:

✷

EJERCICIO

La próxima vez que te encuentres en una conversación animada, mantén el silencio y escucha a cada uno sin juzgarlo, tratando de ponerte en su lugar. Observa el efecto en ti mismx y en el grupo.

Si tuvieras que conservar un solo libro, ¿cuál elegirías?

¿Alguna vez has dicho "una mentira piadosa"? ¿Por qué? ¿A quién le resultó útil?

¿Estás cómodx con el silencio o necesitas amueblarlo con pensamientos, música o cualquier otro truco?

¿Sabes decir "no sé"? ¿Cómo te sientes cuando no tienes respuesta?

Cuando las palabras no bastan, ¿cómo eliges expresarte?

¿Alguna vez has sido convencidx por alguien que tenía una visión completamente diferente de la tuya? ¿Qué aprendiste de esta experiencia?

✷

Espacio libre para dibujo o notas

AS DE COPAS

Tu propio corazón es un santuario que te acogerá siempre, sin restricciones

Miro esta imagen y siento:

Si esta carta representara un aspecto de mi vida (presente o pasada), una escena, una persona o personas que conozco, sería:

Me concentro en esta imagen y observo un detalle, ¿qué me dice?

El contexto: ¿cómo continúa el paisaje a la izquierda, a la derecha, abajo y arriba? ¿De dónde viene el arcano y adónde va?

¿Cómo es el clima en esa escena? ¿Qué hora del día es y qué temperatura hace?

Si pudiera transformar esta carta, cambiar un detalle, agregar algo, esto es lo que haría:

Si la carta pudiera hablar, me diría:

✷

EJERCICIO

Siéntate y coloca las manos sobre tu corazón. Visualiza una luz (vela, estrella...) que brilla en este espacio. Cierra los ojos y respira una docena de veces invitando a un sentimiento de gratitud hacia esa luz.

En este mismo instante, ¿por quién (o por qué) te sientes profundamente amadx?

¿Conoces la diferencia entre una emoción pasajera, positiva o negativa, y una sensación estable, profunda?

¿Puedes escuchar el latido de tu corazón?

¿Alguna vez has sentido que un lugar era sagrado? ¿Puedes recordar este lugar a voluntad?

¿Cuál es el sentimiento más hermoso que has experimentado?

¿Qué decisión puedes tomar?, ¿qué cambio puedes hacer ahora para amarte un poco más?

✷

Espacio libre para dibujo o notas

PAJE DE COPAS

¡El amor nuevo es vulnerable,
protégelo y protégete,
pero extiende tu mano!

Miro esta imagen y siento:

Si esta carta representara un aspecto de mi vida (presente o pasada), una escena, una persona o personas que conozco, sería:

Me concentro en esta imagen y observo un detalle, ¿qué me dice?

El contexto: ¿cómo continúa el paisaje a la izquierda, a la derecha, abajo y arriba? ¿De dónde viene el arcano y adónde va?

¿Cómo es el clima en esa escena? ¿Qué hora del día es y qué temperatura hace?

Si pudiera transformar esta carta, cambiar un detalle, agregar algo, esto es lo que haría:

Si la carta pudiera hablar, me diría:

✷

EJERCICIO

Siéntate frente a una silla vacía y visualiza un ser (humano, animal) que despierta en ti un sentimiento de ternura y el deseo de protegerlo. Toma cinco minutos para notar las sensaciones que acompañan este sentimiento.

¿Qué te provoca timidez?
¿Y qué haces al respecto?

¿Recuerdas tu primer amor?

La primera vez que te atreviste... ¡cuéntala!

¿Cuál es tu recuerdo más dulce de la infancia, el que contiene más amor?

¿Alguna vez no pudiste expresar tu afecto por alguien? Si esa persona estuviera aquí ahora, ¿qué le dirías?

Si tuvieras una varita mágica, ¿con qué te adornarías (a ti y al lugar donde estás) para recibir a una persona muy querida?

✷

Espacio libre para dibujo o notas

REINA DE COPAS

Incluso cuando el amor
no tiene argumentos,
siempre tiene la razón

Miro esta imagen y siento:

Si esta carta representara un aspecto de mi vida (presente o pasada), una escena, una persona o personas que conozco, sería:

Me concentro en esta imagen y observo un detalle, ¿qué me dice?

El contexto: ¿cómo continúa el paisaje a la izquierda, a la derecha, abajo y arriba? ¿De dónde viene el arcano y adónde va?

¿Cómo es el clima en esa escena? ¿Qué hora del día es y qué temperatura hace?

Si pudiera transformar esta carta, cambiar un detalle, agregar algo, esto es lo que haría:

Si la carta pudiera hablar, me diría:

✷

EJERCICIO

Visualiza sucesivamente los siete colores del arcoíris y para cada uno pronuncia una de tus cualidades o un elogio hacia ti mismx.

¿Qué forma de arte, qué espectáculo, qué música, produce en ti una apertura inexplicable del corazón?

¿Tienes un secreto? ¿Lo has compartido con alguien?

Si un hada entrara por la ventana y te concediera un deseo... ¿cuál sería el grito de tu corazón?

¿Alguna vez has sentido el estado de ánimo de otra persona por telepatía?

¿Por cuáles faltas o errores tienes más indulgencia?

¿Cómo sabes que amas? ¿Cómo sabes que eres amadx?

✷

Espacio libre para dibujo o notas

REY DE COPAS

Solo hay
pruebas de amor

Miro esta imagen y siento:

Si esta carta representara un aspecto de mi vida (presente o pasada), una escena, una persona o personas que conozco, sería:

Me concentro en esta imagen y observo un detalle, ¿qué me dice?

El contexto: ¿cómo continúa el paisaje a la izquierda, a la derecha, abajo y arriba? ¿De dónde viene el arcano y adónde va?

¿Cómo es el clima en esa escena? ¿Qué hora del día es y qué temperatura hace?

Si pudiera transformar esta carta, cambiar un detalle, agregar algo, esto es lo que haría:

Si la carta pudiera hablar, me diría:

✷

EJERCICIO

En un lugar público, o caminando por la calle, mira el pecho de las personas que te encuentres y proyecta secretamente una intención de amor hacia estos extraños. Anota cómo te sientes cuando llegues a tu casa.

¿Cómo le demuestras afecto a alguien?

¿Qué persona de tu entorno pasado o presente encarna el mayor grado de benevolencia?

¿Qué es la generosidad para ti?
¿Qué lugar tiene en tu vida?

¿Quién te ayudó a construirte y te dio confianza en ti mismx? ¿Cómo?

¿Prefieres dar o recibir? ¿Por qué?

Para crear un ambiente emocionalmente seguro, es necesario...

✷

Espacio libre para dibujo o notas

CABALLERO DE COPAS

Mi corazón se abre, mi corazón se rompe, un amor invisible me sostiene

Miro esta imagen y siento:

Si esta carta representara un aspecto de mi vida (presente o pasada), una escena, una persona o personas que conozco, sería:

Me concentro en esta imagen y observo un detalle, ¿qué me dice?

El contexto: ¿cómo continúa el paisaje a la izquierda, a la derecha, abajo y arriba? ¿De dónde viene el arcano y adónde va?

¿Cómo es el clima en esa escena? ¿Qué hora del día es y qué temperatura hace?

Si pudiera transformar esta carta, cambiar un detalle, agregar algo, esto es lo que haría:

Si la carta pudiera hablar, me diría:

EJERCICIO

Da vueltas por tu casa e identifica los cinco objetos que más valoras. Después, siéntate en silencio e imagina que regalas cada uno de estos objetos a una persona diferente y cuál sería su reacción.

Describe una situación en la que un duelo emocional te llevó a un nuevo proyecto.

¿Alguna vez has sentido amor incondicional? ¿Adónde te llevó?

¿Tienes nostalgia del pasado? Si pudieras volver a tu juventud, ¿qué cambiarías?

Una ruptura bien vivida... ¿es posible? ¿Cómo?

¿Cuál es para ti la diferencia entre el desapego y el desgarro? ¿Un ejemplo de cada una de estas dos opciones?

Un ciclo termina: ¿qué te hace sentir en paz? ¿Cuáles son los pasos para llegar a ese estado?

Espacio libre para dibujo o notas

AS DE OROS

El mundo entero
es el cuerpo de Dios:
exulta con él

Miro esta imagen y siento:

Si esta carta representara un aspecto de mi vida (presente o pasada), una escena, una persona o personas que conozco, sería:

Me concentro en esta imagen y observo un detalle, ¿qué me dice?

El contexto: ¿cómo continúa el paisaje a la izquierda, a la derecha, abajo y arriba? ¿De dónde viene el arcano y adónde va?

¿Cómo es el clima en esa escena? ¿Qué hora del día es y qué temperatura hace?

Si pudiera transformar esta carta, cambiar un detalle, agregar algo, esto es lo que haría:

Si la carta pudiera hablar, me diría:

✷

EJERCICIO

Acuéstate en el suelo con las piernas dobladas y visualiza una esfera de reloj debajo de tu pelvis. Juega a darle la vuelta, pasando de una hora a otra. Levántate lentamente y siente cómo estás de pie.

¿Sientes que la tierra es tu "madre"? ¿Cuál es tu relación con ella?

¿Tienes un jardín? ¿Alguna vez has cultivado algo?

¿Amas tu cuerpo? ¿Sientes gratitud por él o tienes tendencia a criticarlo?

¿Qué relación tienes con el dinero? ¿Es tu amigo? Si no, ¿cómo puedes reconciliarte con él?

Cuando cocinas, ¿cuál es tu receta favorita?

¿Andas siempre apuradx o prefieres la lentitud? ¿Necesitas mucho espacio o disfrutas de los pequeños lugares acogedores?

✷

Espacio libre para dibujo o notas

PAJE DE OROS

Fácil o difícil, no importa:
basta con dar el paso

Miro esta imagen y siento:

Si esta carta representara un aspecto de mi vida (presente o pasada), una escena, una persona o personas que conozco, sería:

Me concentro en esta imagen y observo un detalle, ¿qué me dice?

El contexto: ¿cómo continúa el paisaje a la izquierda, a la derecha, abajo y arriba? ¿De dónde viene el arcano y adónde va?

¿Cómo es el clima en esa escena? ¿Qué hora del día es y qué temperatura hace?

Si pudiera transformar esta carta, cambiar un detalle, agregar algo, esto es lo que haría:

Si la carta pudiera hablar, me diría:

✷

EJERCICIO

Siéntate y visualiza raíces bajo las plantas de tus pies. Imagina un cordón que conecta tu chakra raíz (el perineo, la base de la columna) con el centro de la tierra. Visualiza un yacimiento de oro justo debajo de ti y deja que su energía fluya hacia tu cuerpo y sea absorbida por tus células.

El avión aterriza en un país desconocido. ¿Cómo te sientes al dar el primer paso?

¿Recuerdas tu primer sueldo? ¿Cómo gastaste ese dinero?

La primera vez que viste el mar, la montaña, la nieve...

Si tuvieras la fuerza, el coraje, las aptitudes físicas, ¿qué actividad te atreverías a hacer?

¿Cuál es la comida más sorprendente que has probado?

¿Cuál es tu tesoro escondido?

Espacio libre para dibujo o notas

REINA DE OROS

No me falta nada:
la sabiduría del cuerpo
es mi refugio

Miro esta imagen y siento:

Si esta carta representara un aspecto de mi vida (presente o pasada), una escena, una persona o personas que conozco, sería:

Me concentro en esta imagen y observo un detalle, ¿qué me dice?

El contexto: ¿cómo continúa el paisaje a la izquierda, a la derecha, abajo y arriba? ¿De dónde viene el arcano y adónde va?

¿Cómo es el clima en esa escena? ¿Qué hora del día es y qué temperatura hace?

Si pudiera transformar esta carta, cambiar un detalle, agregar algo, esto es lo que haría:

Si la carta pudiera hablar, me diría:

✷

EJERCICIO

Siéntate, cierra los ojos y deja que
la sensación de tu cuerpo capte tu atención.

¿Qué partes entran espontáneamente
en contacto contigo? ¿Puedes estar
en el sentir sin querer nada más?

¿Cuidas tus finanzas o las despilfarras?
¿Sabes negociar?, ¿te atreves
a pedir un aumento?

¿Te cuidas a ti mismx? ¿Sabes
reconocer y escuchar tus necesidades
(hambre, sed, sueño...)?

A la hora de hacer cuentas, de
elaborar un presupuesto, de repartir
los gastos, ¿estás a gusto?

¿Qué sientes al mirarte la cara en el
espejo? ¿Puedes mirarte a ti mismx cómo
mirarías a una persona desconocida?

¿Sabes leer un mapa para orientarte?
¿O prefieres que te indiquen puntos de
referencia concretos en el camino?

Espacio libre para dibujo o notas

REY DE OROS

Mi existencia está en orden, invita a la alegría

Miro esta imagen y siento:

Si esta carta representara un aspecto de mi vida (presente o pasada), una escena, una persona o personas que conozco, sería:

Me concentro en esta imagen y observo un detalle, ¿qué me dice?

El contexto: ¿cómo continúa el paisaje a la izquierda, a la derecha, abajo y arriba? ¿De dónde viene el arcano y adónde va?

¿Cómo es el clima en esa escena? ¿Qué hora del día es y qué temperatura hace?

Si pudiera transformar esta carta, cambiar un detalle, agregar algo, esto es lo que haría:

Si la carta pudiera hablar, me diría:

✷

EJERCICIO

Decide de antemano una suma que estés de acuerdo en gastar. Cambia la mitad en dinero suelto, regálasela a un niño o déjala anónimamente en un lugar público. Usa la otra mitad para comprar algo que te guste.

Si tuvieras todos los recursos del mundo... ¿Qué casa construirías y dónde? ¿Te atreverías a trazar los planos?

¿Qué significa para ti "la prosperidad"? ¿Cuáles son tus cinco reglas básicas para estar en buena salud?

¿Estás feliz en tu profesión?

¿Vives en un contexto en el que te sientes en armonía con la naturaleza?

¿Sabes asignar precio a las cosas? ¿Tiendes a subir o bajar según seas cliente o vendedor?

A la hora de poner tu vida en orden, ¿cómo te sientes?

Espacio libre para dibujo o notas

CABALLERO DE OROS

Me dejo guiar por la inteligencia suprema de la Vida: ella sabe adónde va

Miro esta imagen y siento:

Si esta carta representara un aspecto de mi vida (presente o pasada), una escena, una persona o personas que conozco, sería:

Me concentro en esta imagen y observo un detalle, ¿qué me dice?

El contexto: ¿cómo continúa el paisaje a la izquierda, a la derecha, abajo y arriba? ¿De dónde viene el arcano y adónde va?

¿Cómo es el clima en esa escena? ¿Qué hora del día es y qué temperatura hace?

Si pudiera transformar esta carta, cambiar un detalle, agregar algo, esto es lo que haría:

Si la carta pudiera hablar, me diría:

✷

EJERCICIO

Una noche sin nubes, observa el cielo y visualiza este mismo firmamento dentro de tu cuerpo. Permítete sentir que estás hechx de la misma materia que los astros.

Si fueras a explorar, ¿adónde irías y qué te llevarías?

¿Has vivido un exilio o una gran mudanza? ¿Qué recuerdos tienes?, ¿cómo te adaptaste al siguiente paso?

¿Alguna vez has vaciado tu cuenta bancaria o has gastado todo tu dinero? ¿Para qué?

¿Cómo te sientes al presentar un proyecto terminado o cuando tu casa está perfectamente ordenada?

Si no tuvieras ninguna necesidad de ganarte la vida, ¿a qué te gustaría dedicar tus días?

Un mensajero llega a tu casa y llama a tu puerta: ¿qué trae?

✷

Espacio libre para dibujo o notas

AS DE BASTOS

Mi forma es única;
mi poder, ilimitado

Miro esta imagen y siento:

Si esta carta representara un aspecto de mi vida (presente o pasada), una escena, una persona o personas que conozco, sería:

Me concentro en esta imagen y observo un detalle, ¿qué me dice?

El contexto: ¿cómo continúa el paisaje a la izquierda, a la derecha, abajo y arriba? ¿De dónde viene el arcano y adónde va?

¿Cómo es el clima en esa escena? ¿Qué hora del día es y qué temperatura hace?

Si pudiera transformar esta carta, cambiar un detalle, agregar algo, esto es lo que haría:

Si la carta pudiera hablar, me diría:

✷

EJERCICIO

Cepíllate los dientes, aféitate o maquíllate usando tu mano no dominante. Tómate tu tiempo, saborea la rareza y el aprendizaje, y observa cómo influye en tu día.

¿Sabes hacer fuego? ¿Cómo te sientes mirando las llamas y las chispas?

¿Cuál es tu lugar favorito para conectar con la fuerza de la naturaleza?

¿Qué despierta tu deseo, tu creatividad?

Si tuvieras una varita mágica... ¿cuáles serían las tres primeras cosas que harías?

¿Qué te hace sentir poderosx? ¿Qué situaciones, qué ropa, qué postura...?

Tienes que defenderte: ¿qué arma, real o imaginaria, eliges para ser invulnerable?

✷

Espacio libre para dibujo o notas

PAJE DE BASTOS

¿Qué hacer?
¡Primero reconocer en
mí el fuego sagrado!

Miro esta imagen y siento:

Si esta carta representara un aspecto de mi vida (presente o pasada), una escena, una persona o personas que conozco, sería:

Me concentro en esta imagen y observo un detalle, ¿qué me dice?

El contexto: ¿cómo continúa el paisaje a la izquierda, a la derecha, abajo y arriba? ¿De dónde viene el arcano y adónde va?

¿Cómo es el clima en esa escena? ¿Qué hora del día es y qué temperatura hace?

Si pudiera transformar esta carta, cambiar un detalle, agregar algo, esto es lo que haría:

Si la carta pudiera hablar, me diría:

✷

EJERCICIO

Siéntate con los ojos semicerrados y observa sin distracciones tres ciclos respiratorios completos (inhalar y exhalar) sin alterar tu forma de respirar.

Cuando llegaste a la pubertad, ¿cuál fue el aspecto más incómodo? ¿Y lo más agradable?

Cuando dudas de ti, ¿cuáles son tus estrategias para ponerte cómodx?

¿Has sentido que algunas cosas eran "demasiado" para ti? ¿Cómo saliste adelante?

Si tuvieras que empezar a estudiar una disciplina artística donde serías completamente principiante, ¿cuál elegirías?

¿Cuál es tu deporte favorito? ¿Tu juego favorito?

¿Cómo sabes que te gusta alguien? ¿Cuál es tu primera reacción al notarlo?

✷

Espacio libre para dibujo o notas

REINA DE BASTOS

Yo cabalgo el soplo vital
y reino sobre la belleza

Miro esta imagen y siento:

Si esta carta representara un aspecto de mi vida (presente o pasada), una escena, una persona o personas que conozco, sería:

Me concentro en esta imagen y observo un detalle, ¿qué me dice?

El contexto: ¿cómo continúa el paisaje a la izquierda, a la derecha, abajo y arriba? ¿De dónde viene el arcano y adónde va?

¿Cómo es el clima en esa escena? ¿Qué hora del día es y qué temperatura hace?

Si pudiera transformar esta carta, cambiar un detalle, agregar algo, esto es lo que haría:

Si la carta pudiera hablar, me diría:

EJERCICIO

Ponte en una posición cómoda, cierra los ojos y concéntrate en las sensaciones del bajo vientre, de tus órganos sexuales. Toma siete respiraciones profundas, deja fluir la energía en esta zona y agradecé. Poco a poco ve practicando este ejercicio con los ojos abiertos e incluso si hay gente a tu alrededor.

¿Cuál es tu “musa”, el elemento que te inspira en todas las circunstancias?

¿Qué te hace sentir hermosx, irresistible y capaz de todo?

¿Te gusta respirar? ¿Puedes tener una relación amorosa con el aire que penetra en tus pulmones?

¿Puedes ver cosas que otros no ven?

¿Tienes algún secreto que reafirma tu poder, una fuerza oculta?

Si pudieras pasar un día en la piel de un personaje sobrenatural, ¿quién serías?

Espacio libre para dibujo o notas

REY DE BASTOS

El ideal del combate
es que no haya combate

Miro esta imagen y siento:

Si esta carta representara un aspecto de mi vida (presente o pasada), una escena, una persona o personas que conozco, sería:

Me concentro en esta imagen y observo un detalle, ¿qué me dice?

El contexto: ¿cómo continúa el paisaje a la izquierda, a la derecha, abajo y arriba? ¿De dónde viene el arcano y adónde va?

¿Cómo es el clima en esa escena? ¿Qué hora del día es y qué temperatura hace?

Si pudiera transformar esta carta, cambiar un detalle, agregar algo, esto es lo que haría:

Si la carta pudiera hablar, me diría:

EJERCICIO

Da vueltas por tu casa o jardín agradeciendo en voz alta a los objetos y las plantas, y dándoles recomendaciones para seguir sirviéndote. Después, disfruta de un buen almuerzo entre tus súbditos.

¿Eres capaz de disciplinarte? ¿Qué te motiva a seguir un programa, una rutina? ¿Para qué?

¿Cuál es tu forma de expresar la belleza, a través del arte o cualquier otra actividad?

¿Qué significan para ti la gloria, la fama? ¿Qué lugar ocupan en tu vida?

¿En qué situaciones sientes que tienes todas las opciones, que solo basta extender la mano para conseguir lo que te guste?

¿Haces buen uso del poder cuando lo tienes?

¿Cuál es tu mayor nobleza?

Espacio libre para dibujo o notas

CABALLERO DE BASTOS

Lo que he creado no es mío. Soy el juego de la Creación Universal

Miro esta imagen y siento:

Si esta carta representara un aspecto de mi vida (presente o pasada), una escena, una persona o personas que conozco, sería:

Me concentro en esta imagen y observo un detalle, ¿qué me dice?

El contexto: ¿cómo continúa el paisaje a la izquierda, a la derecha, abajo y arriba? ¿De dónde viene el arcano y adónde va?

¿Cómo es el clima en esa escena? ¿Qué hora del día es y qué temperatura hace?

Si pudiera transformar esta carta, cambiar un detalle, agregar algo, esto es lo que haría:

Si la carta pudiera hablar, me diría:

EJERCICIO

Proponte antes de dormir tener un "sueño lúcido" en el que te des cuenta de que estás soñando y puedas decidir cambiar los eventos. Al despertar, mejora una pesadilla o un sueño desagradable, inventando un final alternativo.

Sabes que tu tarea está cumplida cuando...
Sabes que estás agotadx cuando...

¿Alguna vez creaste, inventaste o iniciaste algo que se volvió útil para un grupo o una persona?

Si pudieras volar, ¿qué harías con ese poder?

¿Alguna vez has renunciado a algo que deseabas? ¿Qué te aportó esa renuncia?

¿Estás totalmente identificadx con tu género y tus preferencias sexuales? ¿O existe un espacio donde las nociones de masculino, femenino, gay, hetero, queer, etc., ya no te definen?

¿Adónde vamos ahora?

Espacio libre para dibujo o notas

BREVE CURSO DE TAROT

¿De dónde viene el tarot?

El tarot es una variante enriquecida del juego de naipes comunes que aparece en Italia hacia mediados del siglo XV. Los tarots más antiguos son ejemplares de lujo, pintados a mano y adornados de oro y plata, que pertenecían a la familia ducal de los Visconti de Milán.

La particularidad del tarot es su serie de 22 triunfos capaces de ganarle al resto de las cartas de los demás palos. El juego sedujo muy rápidamente a toda Europa y, a lo largo del siglo XVI, se imprimieron numerosas variantes. Desde el siglo XVII, el estándar de representación que hoy conocemos como "tarot de Marsella" dominó el mercado. Decenas de maestros carteros, tanto en Francia como en Suiza, lo imprimieron durante dos siglos, con mínimas diferencias y matices. Ese modelo de tarot dará lugar, a fines del siglo XVIII, a las primeras interpretaciones esotéricas, primero en los escritos del masón Antoine Court de Gébelin, luego en los del escritor y pintor amante del ocultismo Eliphas Levi, quien le otorga un lugar de gran importancia en su obra mayor, publicada en 1854, *Dogma y ritual de la alta magia*. Durante toda la segunda mitad del siglo XIX, mientras que el juego del tarot propiamente dicho cae en desuso, se multiplican las interpretaciones más diversas, en las que se asocian los símbolos del tarot con la sabiduría egipcia, con la Cábala, con la astrología, con diversas tradiciones como la de los bohemios, los celtas o los cátaros. En realidad, es más factible buscar las influencias filosóficas o esotéricas del tarot en su contexto de origen: el humanismo del Renacimiento italiano, con sus influencias herméticas y neoplatónicas. También es posible que se haya visto alimentado por la tradición francesa de los gremios, sobre todo el tarot de Marsella.

En cualquier caso, a principios del siglo XX, el tarot se convierte en un medio para sondear el destino (para quienes practican la cartomancia adivinatoria) y el alma humana. La sociedad secreta de la Golden Dawn genera su propio mazo, el Rider Waite, dibujado por Pamela Colman-Smith, que se transformará en el modelo dominante en el mundo anglófono. En Francia, miembros del surrealismo, como André Breton, André Derain y Victor Brauner, darán su reconocimiento al tarot de Marsella, al que consideraban una obra de arte y una especie de cartografía del inconsciente. El escritor italiano Italo Calvino lo usará para componer en 1969 un cuento fantástico titulado "El castillo de los destinos cruzados", donde propone un acercamiento al tarot, que es, en definitiva, aquel con el que se quedará la modernidad: una estructura narrativa que nos permite constituir nuestras propias historias.

Hoy, el tarot como juego de mesa solo se utiliza en Francia, pero el tarot "evolutivo" o "iniciático", reflejo de nuestras tribulaciones, espejo de nuestras relaciones y dispositivo artístico multifacético, está más presente que nunca en todo el mundo, seduciendo a un público cada vez mayor por su belleza, su dimensión lúdica y la profundidad de su simbolismo.

La composición del mazo

El mazo completo se compone de 78 cartas, que tradicionalmente se dividen en dos series: 22 Arcanos Mayores (los "triunfos", en el mazo de juego) y 56 Arcanos Menores.

Los Arcanos Mayores son una serie de alegorías que representan el recorrido del ser humano, las circunstancias concretas o internas de nuestra existencia, una especie de peregrinación en busca de unx mismx. Los Arcanos Menores son como las cartas de un mazo común, con cuatro palos (Espadas, el equivalente de las picas; Copas, el equivalente de los corazones; Oros, el equivalente de los diamantes, y Bastos, el equivalente de los tréboles). La particularidad del tarot es que incluye cuatro figuras en lugar de las tres figuras del mazo tradicional.

La mayoría de la gente empieza a leer el tarot con los 22 Arcanos Mayores. En este libro-cuaderno hemos agregado los cuatro Ases y las cuatro Figuras de cada palo, ya que es bastante sencillo comprender el código de interpretación de esa parte de los Arcanos Menores.

Para interpretar el tarot, es útil asignar a cada uno de sus cuatro palos un área precisa de nuestra vida.

LAS COPAS
Simbolizarán la vida del corazón: las emociones, el amor en su forma humana (con su contrario, el odio) y en su forma más elevada (amor incondicional), nuestra formación psicológica, nuestras relaciones y nuestra vida afectiva. Las Copas nos enseñan a *amar.*

LAS ESPADAS
Simbolizarán la vida intelectual, el pensamiento, las ideas, todos los recursos del lenguaje y de la comunicación, nuestras creencias e ideologías, los modos en que simbolizamos y conceptualizamos el mundo. Las Espadas nos enseñan a *comunicar* lo que hemos visto y comprendido.

LOS OROS
Simbolizarán la vida material. El cuerpo, el trabajo, las necesidades, el dinero; en definitiva todo lo que se manifiesta como cuerpo y materia: la Tierra, los planetas, la naturaleza, la vida orgánica y celular. Los Oros nos enseñan a *vivir* en el tiempo y el espacio.

LOS BASTOS
Simbolizarán la vida instintiva, sexual y creativa, el aliento, el deseo, la alternancia entre potencia e impotencia, placer y frustración; en definitiva, todo lo que nos pone en movimiento y hace de nosotros seres dinámicos. Los Bastos nos enseñan a *hacer,* a crear, a ponernos en marcha.

Cada palo contiene una serie de cartas del 1 al 10 (las cartas numéricas), que aquí representamos con la presencia de los Ases y las cuatro Figuras u Honores: los Pajes, las Reinas, los Reyes y los Caballeros.

En cada uno de los cuatro palos, el As representa todas las potencialidades de su símbolo.

AS DE ESPADAS
Potencial intelectual, idea, genio propio.

AS DE COPAS
El potencial del corazón, nuestra vida afectiva, un amor posible.

AS DE OROS
Planeta, semilla, célula, moneda: las condiciones básicas de la vida.

AS DE BASTOS
La potencia creativa, el deseo (atracción/repulsión), lo que nos gusta y lo que no nos gusta, encontrar la fuerza de ser unx mismx.

En cada uno de los cuatro palos, es posible atribuir un significado simple a cada una de las Figuras:

El Paje representa el espíritu del principiante, con sus virtudes y sus límites. Tiene la impetuosidad, la inocencia y la espontaneidad de los comienzos, pero puede ser tímido, dudar de sí mismo, a veces paralizarse o, al contrario, animarse a realizar acciones torpes que no llevan a ninguna parte.

En cada palo, esa postura de principiante se matiza de forma diferente:

PAJE DE ESPADAS

Aprende a expresarse, duda de sus propios pensamientos, vacila entre callarse y hablar.

PAJE DE COPAS

Representa la ternura y la timidez del corazón, la vacilación entre animarse y desentenderse, la vulnerabilidad, el pudor.

PAJE DE OROS

Nos recuerda que podemos empezar a construir con lo que tenemos, nos incita a animarnos a dar el primer paso, a empezar la vida. Nos propone un aprendizaje concreto.

PAJE DE BASTOS

Está aprendiendo a conocer y manipular su energía creativa y sexual. Duda entre mucho y demasiado poco, entre la censura y la impetuosidad.

La Reina y **el Rey** representan el nivel maduro y, como una pareja de padres complementaria, comparten la tarea de reinar sobre el mundo: la Reina encarna un dominio y un conocimiento interior, cóncavo, que prescinde de validación externa, una relación profunda consigo misma. El Rey, al contrario, deberá manifestar en el mundo, de manera activa y convexa, lo que ha aprendido y construido; su rol es dar pruebas, rendir cuentas.

EL REY DE ESPADAS
Es un pedagogo, un especialista, un buen comunicador, un teórico brillante; su ideal es expresar la verdad.

LA REINA DE ESPADAS
Encarna la inteligencia femenina intuitiva, un pensamiento enraizado en la presencia, la profundidad de una certidumbre sin palabras anclada en el cuerpo, la capacidad de escucha.

EL REY DE COPAS
Es generoso, magnánimo, siempre dispuesto a probar sus sentimientos, paternal, protector, buen compañero, buen mediador.

LA REINA DE COPAS
Es una mujer con corazón y sentimientos profundos, capaz de un amor maternal, fraternal o conyugal puro e intenso, en contacto con el misterio de su propio corazón.

EL REY DE OROS
Podría ser un comerciante o un arquitecto, hábil con respecto a la gestión de los negocios, generoso, ordenado, encarnación del polo masculino.

LA REINA DE OROS

Está atenta al cuerpo, en contacto con la conciencia celular; también es capaz de llevar una contabilidad sana y representa el polo femenino encarnado.

EL REY DE BASTOS

Representa la energía manifestada, la potencia fálica, convexa, el sentido de la orientación, la valentía y el poder.

LA REINA DE BASTOS

Representa la energía interna, el femenino creativo, la potencia útero-ovárica, el deseo como fuerza que se expresa en el interior de unx mismx, la inspiración.

Por último, **el Caballero**, como un niño que creció y superó a sus padres, representa el nivel de culminación, que puede ser tanto un estado de agotamiento como un periodo de triunfo: en todo caso, se dirige hacia una nueva realidad, valiéndose de lo que ha aprendido y recibido. En la Edad Media, la figura del caballero errante representaba el recorrido del ser humano por excelencia, el principio de la búsqueda como objetivo de la existencia.

EL CABALLERO DE ESPADAS
Comprendió que toda verdad es relativa y que la mentira a veces es necesaria; pasa de la palabra al silencio y se dirige hacia el amor.

EL CABALLERO DE COPAS
Ha superado sus emociones negativas, ha tenido el coraje de dejar que su corazón se abriera o se rompiera, y se prepara para instaurar las bases de una nueva vida.

EL CABALLERO DE OROS

Se apoya en una realidad terminada que va a abandonar para crear algo nuevo, como el niño que, al volverse adolescente, deja sus juguetes para entrar en una nueva era de su existencia.

EL CABALLERO DE BASTOS

Terminó una obra o inventó algo que no existía; está listo para abandonar sus exigencias egóticas, sus energías se han purificado; cabalga humildemente hacia una nueva visión y una nueva comprensión.

Ahora que ya formulamos estas propuestas, recuerda que el tarot es, antes que nada, un *lenguaje visual*, compuesto de formas, escenas, personajes que miran en una dirección concreta o hacen un gesto particular. Parte de la base de que todo lo que ves es cierto... ¡para ti!

Interpretar el tarot es un arte y no una ciencia: la interpretación "correcta" o perfecta no existe. Por supuesto, cada arcano representa una especie de territorio simbólico, con un manojo de significados precisos, pero, a veces, un detalle llama nuestra atención y su interpretación se vuelve valiosa para responder a una pregunta particular. Por esa razón, es importante apoyarse en las palabras clave que corresponden a cada carta, pero evitando que esas interpretaciones nos intimiden o limiten.

Pistas de interpretación de los Arcanos Mayores

EL LOCO
Un gran aporte de energía

VIDA COTIDIANA
Mucha energía. Imaginación desbordante. Liberación, libertad. Viaje, vagabundeo. Nómada. Acróbata.

PSICOLOGÍA
Locura en todas sus formas. El "impulso de locura" que nos hace avanzar. Acción caótica. Delirio. Necesidad de actuar. Deseo de libertad.

VIDA ESPIRITUAL
Peregrino. Hombre que camina hacia su evolución. Visionario. El ser esencial (El Loco) seguido por su ego domado (el animal azul). Energía divina.

Si El Loco se dirige hacia otra carta, le aporta su energía. Si se separa de ella, está liberándose de algo.

I
EL MAGO
Comienzo de una actividad

VIDA COTIDIANA

Nueva profesión o empresa. Comienzo de una relación o de una actividad. Se tiene todo lo necesario para actuar. Un joven astuto. Un estafador. Arte de convencer, habilidad.

PSICOLOGÍA

Para actuar, hay que animarse a elegir. Cuidado con las dudas ante la multiplicidad de posibilidades. Todo lo relacionado con el inicio de un proyecto. Tanto si el consultante es hombre como mujer, esta carta representa la parte masculina en nosotros (*animus*).

VIDA ESPIRITUAL

Comienzo de la búsqueda de la sabiduría. Iniciado. Mago. Espiritualización de la materia.

La pequeña moneda que El Mago sostiene en su mano a la izquierda puede interpretarse como la semilla de El Sol (arcano XVIIII). Solo la perseverancia le permitirá realizarse. ¡Cuidado con los comienzos eternos!

II

LA PAPISA

Incubación secreta, estudio, espera confiada

VIDA COTIDIANA

Pureza. Escritura de un libro. Estudio. Contabilidad. Espera. Mujer fría. Madre severa. Peso de la religión. Aislamiento.

PSICOLOGÍA

Interioridad, dignidad, nobleza intrínseca. Ideal de pureza. Feminidad esencial independientemente de la edad. En negativo: frigidez, educación estricta, peso de las convenciones religiosas.

VIDA ESPIRITUAL

Soledad, silencio, meditación. Sabiduría de lo femenino. La Virgen María, las beguinas. Lectura de textos sagrados. Dimensión esencialmente femenina/receptiva del recorrido espiritual.

En la pareja Papisa-Papa, el hombre y la mujer están espalda contra espalda. Su misión es sostenerse mutuamente en su obra o su estudio. Es una pareja sabia, que ha superado las pasiones. Si estuvieran frente a frente, se sofocarían.

III
LA EMPERATRIZ
Incubación secreta, estudio, espera confiada

VIDA COTIDIANA

Hermosa mujer fértil. Adolescencia, fantasía. Fecundidad. Encanto, coquetería. Belleza. Mujer de negocios. Amante. Creatividad. Reinado. Potencia desenvuelta de la juventud.

PSICOLOGÍA

Acción creativa inexperta que no sabe adónde va pero que puede manifestarse con un poder impresionante. Todo lo relacionado con la fertilidad femenina y la creatividad. Apego a la adolescencia, riesgo de arrogancia. Periodo de renovación irresistible.

VIDA ESPIRITUAL

El impulso creador. La Naturaleza fértil. La dimensión sagrada de lo Bello. La eterna y constante novedad de lo Real.

Las águilas en el escudo de La Emperatriz y de El Emperador hacen referencia al Sacro Imperio Romano Germánico. De hecho, en este mazo, La Emperatriz toma los rasgos de Guillermina Amalia, esposa del emperador José I de Habsburgo.

IIII
EL EMPERADOR
Estabilidad material

VIDA COTIDIANA

Hombre poderoso. Estabilidad económica, éxito en los negocios. Esposo. Poder. Hogar estable. Seguridad. Solidez. Garante del orden.

PSICOLOGÍA

Jefe de familia, padre protector o dominador. Cuestiones ligadas a la potencia personal, profesional o sexual. Patriarcado, incluso tiranía.

VIDA ESPIRITUAL

Arraigo en la materia. Equilibrio de energías. Dios Padre. La ley cósmica, el Dharma.

En la pareja Emperador-Emperatriz, el hombre y la mujer se encuentran frente a frente. Cada uno actúa hacia el otro, es una pareja pasional, íntima y carnal, encarnada. Si están espalda contra espalda, ¡hay un divorcio en el aire!

V

EL PAPA

Un puente hacia un nuevo ideal

VIDA COTIDIANA

Maestro, docente, hombre casado. Matrimonio, unión. Sacerdote o gurú, íntegro o corrompido. Dogma religioso. Todos los medios de comunicación. Toma de riesgo calculada.

PSICOLOGÍA

Emergencia de un nuevo ideal. Deseo de comunicar. Revelación de secretos. El padre ante sus hijos. Las ventajas y los inconvenientes de la jerarquía.

VIDA ESPIRITUAL

Guía espiritual. Bendición. Cuestionamiento sobre la fe y el dogma.

Los dos discípulos de El Papa representan también las dos Vías alquímicas: la "vía seca", del estudio y el esfuerzo, y la "vía húmeda", de la revelación recibida.

VI
EL ENAMORADO
Nuestra vida afectiva

VIDA COTIDIANA

Vida social y emocional. La situación que, según el contexto, puede vivirse como una realización o como un conflicto. Elección que debe tomarse. Unión. Placer de hacer lo que uno ama. Belleza.

PSICOLOGÍA

La familia de origen como espacio de conflicto o solidaridad. Relaciones entre hermanos. Idealización afectiva y complejidad de las relaciones. Seguir el corazón. Restaurar el impulso del corazón.

VIDA ESPIRITUAL

Cambio de paradigma: el otro cuenta tanto como yo, incluso más que yo. El camino de la Belleza.

Esta carta es la más ambigua del tarot. La posición de los personajes y sus roles respectivos pueden ofrecer un sinfín de interpretaciones. Sin embargo, el verdadero "Enamorado", fuente de todo amor, es el gran sol blanco que irradia en la cima de la carta.

VII
EL CARRO
Acción en el mundo, servicio

VIDA COTIDIANA

Triunfo, victoria, acción que se emprende y se lleva a cabo. Viaje. Amante. Éxito artístico. Paso por la televisión. Conquistador. Mensajero.

PSICOLOGÍA

Acción anclada en el presente. Dejarse conducir por las fuerzas armonizadas de la psiquis, representadas por dos caballos que simbolizan los pares opuestos (masculino y femenino, noche y día, caliente y frío, etc.).

VIDA ESPIRITUAL

Encarnación del espíritu y espiritualización de la materia: El Carro une la figura del triángulo (espiritual), representada por la forma del príncipe, con el cuadrado (material), representado por la forma del vehículo.

Hay una gran diferencia entre "actuar en su propio mundo", según la propia fantasía y con una visión egocéntrica, y "actuar en el mundo", es decir, en función de las necesidades reales de la situación. La mayor fuerza de El Carro es saber servir.

VIII
LA JUSTICIA
Madurar y perfeccionar

VIDA COTIDIANA

Juicio, acción en la justicia. La Ley. Equilibrio. Mujer embarazada, maternidad. Inflexibilidad. Apreciar y saber resolver. Pensamiento claro.

PSICOLOGÍA

Deseo de perfección. Perfeccionismo, tendencia normativa. Aprender a hacer trampa, aprender la indulgencia. Influencia materna en la educación. La madurez, beneficio de la edad.

VIDA ESPIRITUAL

Karma (bueno o malo). Leyes cósmicas. Deshacerse de lo inútil. Madurar, descubrir lo agradable de no hacer nada.

La Justicia... ¡hace trampa! Observa cómo su codo izquierdo (que vemos a la derecha de la carta) empuja la balanza... La excelencia, imperfecta pero creativa, a veces es más deseable que la perfección que, por ser infranqueable, se encuentra inmovilizada y muerta.

VIIII
EL ERMITAÑO
Crisis de la transición, desapego

VIDA COTIDIANA

Hombre experimentado. Sabiduría, prudencia. Retiro. Terapeuta. Momento de crisis, incertidumbre. Castidad. Soledad.

PSICOLOGÍA

Iluminar el pasado y dirigirse hacia el futuro sin saber adónde vamos (El Ermitaño camina hacia atrás). Terapeuta, proceso de retorno a sí mismo. Influencia del padre, a veces ausente o frío. Necesidad de soledad.

VIDA ESPIRITUAL

La duda y su superación. La ascesis, retirarse al desierto. La confrontación con lo Real. Desprendimiento de los bienes materiales, soltar.

El Ermitaño se retira tanto para estar "solo con él solo", como dice una antigua fórmula de la tradición cristiana, como para interceder por medio de la oración. Su frialdad solo es aparente, lo consume un amor profundo por la humanidad.

X
LA RUEDA DE LA FORTUNA
El final de un ciclo

VIDA COTIDIANA

Final de un ciclo, necesidad de una ayuda externa o de una nueva partida. Fortuna, juegos de azar. Circunstancias externas a la voluntad del consultante, altibajos de la vida. Oportunidad que debe aprovecharse. Ciclo vital.

PSICOLOGÍA

Enigma emocional que debe resolverse. Tres elementos del ser: cuerpo, emociones e inteligencia, que esperan ponerse en movimiento por medio de la energía creativa. Saber concluir, aceptar el final y el nuevo inicio.

VIDA ESPIRITUAL

Rueda del Karma, reencarnaciones sucesivas. Leyes de la naturaleza regidas por la Providencia.

Si La Rueda de la Fortuna concluye un episodio pasado o se presenta al inicio de una tirada, representa el hecho de pasar página, un ciclo completo. Si no, representa un bloqueo que debe superarse. Conviene entonces sacar una carta para ver qué puede accionar la manivela.

✷

XI
LA FUERZA
Comienzo creativo e instintivo

VIDA COTIDIANA

Un nuevo comienzo. Inicio de una actividad creativa. Fuerza. Cólera. Heroísmo. Valentía. Autodisciplina.

PSICOLOGÍA

Relación entre mente e instinto. Escuchar el mensaje de la parte animal, confiar en la sabiduría de la Naturaleza. Inhibición o, al contrario, impulso creativo y sexual. Expresarse.

VIDA ESPIRITUAL

Las fuerzas tradicionalmente menospreciadas por los dogmas religiosos, como el instinto y la sexualidad. El Tantra y el Camino de la Mano Izquierda. El chamanismo.

La Fuerza forma un dúo con El Mago, como lo demuestran sus sombreros similares. Su pie desnudo le permite comunicarse directamente con las energías de la Tierra.

✷

XII
EL COLGADO
Meditación y entrega de sí

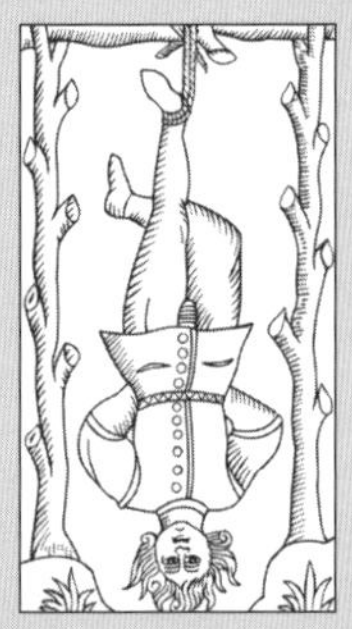

VIDA COTIDIANA

Detención. Espera. No es el momento de actuar.
No elegir (El Colgado tiene las manos detrás de su espalda).
Entrar en unx mismx para encontrar las respuestas.
Reposo. Embarazo, feto en gestación.

PSICOLOGÍA

Condiciones de la gestación del consultante. Influencia del árbol genealógico.
Tener el coraje de quedarse en un punto muerto hasta que la solución aparezca.

VIDA ESPIRITUAL

Oración. Sacrificio, entrega de sí. Meditación. Fuerzas internas recibidas por medio de la oración. Encontrar el punto neutro que permite dejar de oscilar entre los extremos, el camino del medio.

En numerosos tarots de los siglos XVII y XVIII, El Colgado se representa con la cabeza en lo alto, como si flotara sin gravedad. Como puedes ver, de ese modo el número XII estaría invertido (IIX), lo que invita a poner la carta cabeza arriba. El Colgado no está necesariamente padeciendo un castigo, ¡quizá se trate de un acróbata!

XIII
EL ARCANO SIN NOMBRE
Transformación

VIDA COTIDIANA

Transformación profunda. Revolución. Eliminar lo que nos impide avanzar. Fin de una ilusión. Cólera, agresividad. Duelo o persona que ya no está. Siega, cosecha.

PSICOLOGÍA

Trabajo de duelo con respecto a una persona o a una situación pasada. Odio familiar. Ruptura saludable. Trabajo del inconsciente.

VIDA ESPIRITUAL

El rostro destructor de la divinidad: Shiva-Rudra o Kali en el hinduismo. Transmutación. Erradicación de lo viejo para dar lugar a lo nuevo. Despojarse de todo para encontrar lo que es indestructible.

¡No te asustes! El arcano XIII no representa “la muerte”; si lo hiciera, sería la última carta del tarot. El esqueleto está vivo, es aquel que llevamos dentro de nosotros, la estructura esencial que nos sostiene. La médula ósea produce las células sanguíneas, es la mismísima raíz de nuestra existencia.

XIIII
LA TEMPLANZA
Equilibrio, sanación

VIDA COTIDIANA

Sanación, medicina. Protección. Equilibrio. Circulación. Armonía. Humor constante y apacible. Darse por satisfecho. Optar por la moderación.

PSICOLOGÍA

Equilibrio de las fuerzas vitales. A veces: angelismo (el ángel no tiene sexo), prudencia o pudor excesivos. Buena comunicación con unx mismx. La dimensión positiva del inconsciente, los recursos interiores.

VIDA ESPIRITUAL

Mensajero de la gracia. Fe. Sanación espiritual. El ángel de la guarda.

La flor de cinco pétalos que se abre en la frente del ángel se relaciona con el *sahasrara chakra* **o el "loto de los mil pétalos" que se despliega por encima de la coronilla: la forma humana del ángel nos recuerda que solo nosotros podemos permitir que se abra ese canal de comunicación con el reino sutil.**

XV
EL DIABLO
Creatividad, pasión

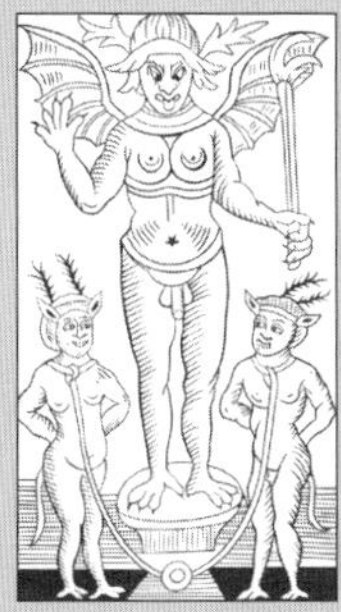

VIDA COTIDIANA

Apego pasional. Posesividad. Gran creatividad. Contrato prometedor que debe estudiarse de cerca. Ingreso de dinero.

PSICOLOGÍA

Esta carta contiene todos los poderes ocultos del inconsciente humano, tanto los negativos como los positivos. Trabajo de las profundidades. Talento. Secretos, vergüenza. Problemáticas sexuales, asumidas o no.

VIDA ESPIRITUAL

Remite al mito de Lucifer: el ángel caído portador de luz. Llamado a la búsqueda del tesoro oculto, de la energía enterrada en el psiquismo. Visión de la dualidad (comparar y separar sin cesar) en el seno de la unidad.

Al principio, El Diablo era un ángel, Lucifer, el portador de luz. Podemos considerar que sigue esgrimiendo esa antorcha para manifestar su deseo de volver a subir a los cielos... ¡Su llama puede incendiar el mundo! Del mismo modo, el alma humana, hundida en el cuerpo carnal, mira hacia su origen, la divinidad creadora.

XVI
LA TORRE
Apertura, liberación

VIDA COTIDIANA

Liberación, eclosión. Fin de un encierro. Ruptura, divorcio. Explosión de alegría, conmoción. Flechazo. Secreto que debe ser revelado. Mudanza. Decorado de teatro.

PSICOLOGÍA

Toma de conciencia. Liberación de un secreto, desintegración de los límites... Orgasmo o eyaculación (a veces precoz). Apertura de mente, inversión del punto de vista.

VIDA ESPIRITUAL

Iluminación, baile o ceremonia alrededor de un lugar sagrado. El cuerpo, templo de la divinidad.

Durante mucho tiempo, este arcano sufrió los efectos de interpretaciones negativas (torre fulminada, etc.), ¡pero nada nos indica que la posición de los personajes se deba a una caída! Uno podría estar caminando sobre sus manos y el otro, saliendo por la puerta de atrás... En la Francia del siglo XVII, la *Maison-Dieu* (Casa-Dios), nombre de esta carta en francés, era un hospital, un lugar de cuidado y sanación.

XVII
LA ESTRELLA
Encontrar su lugar y nutrir

VIDA COTIDIANA

Éxito. Acción altruista, generosidad. Realizar dos acciones o tener dos relaciones a la vez. Encontrar su lugar. Protagonista. Mujer fecunda, amorosa y amante.

PSICOLOGÍA

Autenticidad. Don o despilfarro, según la dirección hacia la cual La Estrella vierte sus vasijas. Servicio desinteresado, generosidad. "La verdad desnuda".

VIDA ESPIRITUAL

Dar y recibir energías cósmicas. La sabiduría de la concavidad, espiritualidad receptiva. Sacralización de un lugar. Paraíso. Era de Acuario, regeneración del mundo.

De las dos vasijas de La Estrella, una acompaña la forma de su cuerpo y la otra se prolonga en el paisaje. Canal y punto de referencia a la vez, La Estrella es como una fuente, íntimamente unida al mundo e indispensable para la armonía de la naturaleza. Es la humanidad en su potencialidad, más hermosa, generosa y auténtica.

XVIII
LA LUNA
Poder femenino receptivo

VIDA COTIDIANA

Intuición. Noche. Sueño. Poesía, misterio. Gestación. Ideal que se busca alcanzar. Feminidad magnética, más vasta que todo individuo en particular. Los ciclos femeninos.

PSICOLOGÍA

Femenino maternal. Niño en busca del amor materno. Depresión. Secreto. Amor fusional. Demanda sin límites. Comunicación con lo indecible. A veces, paso por la "locura" para convertirse realmente en unx mismx.

VIDA ESPIRITUAL

La Madre cósmica. Los sueños iniciáticos o sueños lúcidos. La receptividad y la devoción. La meditación profunda, el *samadhi*.

El humilde cangrejo (figura del ego) trae en sus pinzas dos bolas pequeñas, como ofrendas: parece indicarnos que el yo individual, cuando se despoja de sus ambiciones totalitarias, es un aliado valioso del trabajo espiritual.

XVIIII
EL SOL
Padre cósmico

VIDA COTIDIANA

Calor y luz. Amor recíproco. Fraternidad, asociación benéfica. Nueva construcción. Éxito, felicidad. Luz. Verano. Ayuda mutua. Solidaridad. El pasado, la infancia.

PSICOLOGÍA

Lo masculino paterno. Padre ideal o insuficiente, presente o ausente. Dejar el pasado detrás para empezar una nueva vida. Las condiciones para crecer.

VIDA ESPIRITUAL

Unión iniciática, pareja o camaradería que permite progresar en el Camino. Padre cósmico. Redención. Iluminación.

El rostro de El Sol visto de frente se parece mucho al del arcano VIII, La Justicia. Del mismo modo, El Ermitaño lleva una pequeña luna a la altura del cuello. La pareja Luna-Sol nos recuerda, en su dimensión cósmica, que la noche y el día son indisociables, al igual que femenino y masculino colaboran para engendrar la vida.

XX
EL JUICIO
Deseo irresistible

VIDA COTIDIANA

Llamado, deseo irresistible, vocación. Anuncio, buena noticia. Pareja que produce una obra conjunta. Nacimiento de un hijo. Música.

PSICOLOGÍA

El grupo familiar padre-madre-hijo. Las condiciones del nacimiento del consultante. El deseo como motor de la acción. Lo que estaba oculto irrumpe para hacerse realidad.

VIDA ESPIRITUAL

Mensaje del más allá. La Gracia. Apertura hacia una nueva conciencia. Los nacimientos sucesivos, la reencarnación.

Podemos imaginar que el ángel de este arcano es el mismo que ayuda al Diablo, ángel caído, a subir desde las profundidades del deseo hacia la luz de la conciencia.

XXI
EL MUNDO
Realización total

VIDA COTIDIANA

Renombre. Viaje. Realización de las posibilidades. Éxito. Femenino consumado. Plenitud. Cuando esta carta aparece al inicio del juego, indica un comienzo difícil. Vientre de mujer embarazada.

PSICOLOGÍA

Sexo o útero femenino, potencia ovárica, gestación. Animarse a triunfar. Unidad de las cuatro energías (intelecto, corazón, creatividad y necesidades). Este arcano puede invitar a estudiar las condiciones del nacimiento del consultante.

VIDA ESPIRITUAL

Realización suprema. Huevo cósmico. La posición en la que El Mundo baila es la misma que la de las *dakinis* tibetanas o las representaciones de Kali en la iconografía india: expresa la energía dinámica de la creación.

Los personajes de El Mundo nos remiten a los cuatro centros del ser humano, plenamente realizados. El animal color carne simboliza el centro corporal; el león, el centro sexual creativo; el ángel, el centro emocional, y el águila, el centro intelectual. El personaje central es la quintaesencia que los une entre sí.

Algunas palabras sobre la numerología del tarot

Los Arcanos Mayores nos ofrecen un resumen de la numerología del tarot: El Loco (energía inicial y flujo continuo) se dirige hacia El Mundo (realización total) que, a su vez, mira hacia El Loco.

El camino que los une está conformado por veinte cartas: primero de I a X y, luego, de XI a XX, los Arcanos Mayores representan diez etapas, diez grados numerológicos que aparecerán, cada uno, de dos formas distintas (el I y el XI representan el primer grado, el II y el XII, el segundo, y así sucesivamente).

Estos diez grados de la numerología también valen para los Arcanos Menores. Cada grado representa una etapa de desarrollo en el ámbito que corresponde a cada palo: intelecto y comunicación para las Espadas, relaciones y emociones para las Copas, energía sexual y creativa para los Bastos, vida material y necesidades para los Oros.

Aquí hay un resumen por palabras clave de los diez grados de la numerología del tarot:

NIVEL 1 (ARCANOS I Y XI, LOS ASES)
Comienzo de un nuevo ciclo, todo en potencia, potencialidad. Como el universo concentrado en un punto antes del Big Bang, todo está aquí pero debe actualizarse.

NIVEL 2 (ARCANOS II Y XII, LOS DOSES)
Acumulación, preparación para la acción. Actualización, contexto favorable para una acumulación de fuerzas.

NIVEL 3 (ARCANOS III Y XIII, LOS TRESES)
Explosión creativa y transformación profunda. Primera acción sin experiencia, fuerza espontánea, germinación.

NIVEL 4 (ARCANOS IIII Y XIIII, LOS CUATROS)
Equilibrio, estabilidad, arraigo, seguridad, recuperación.

NIVEL 5 (ARCANOS V Y XV, LOS CINCOS)
Nuevo ideal, tentación, toma de riesgo, excursión hacia lo desconocido. Un puente hacia otro mundo.

NIVEL 6 (ARCANOS VI Y XVI, LOS SEISES)
Apertura, placer. Hacer lo que uno ama, convertirse en unx mismx. Afinidades y belleza, descubrimiento de un nuevo territorio.

NIVEL 7 (ARCANOS VII Y XVII, LOS SIETES)
Acción en el mundo, unión del espíritu con la materia, servicio alimentado por la experiencia.

NIVEL 8 (ARCANOS VIII Y XVIII, LOS OCHOS)
Perfección receptiva, madurez, femenino cósmico.

NIVEL 9 (ARCANOS VIIII Y XVIIII, LOS NUEVES)
Crisis positiva, desapego, masculino cósmico.

NIVEL 10 (ARCANOS X Y XX, LOS DIECES)
Final del ciclo, experiencia realizada. Posible inicio de un nuevo ciclo.

Para profundizar

Algunas reglas de orientación

Los Arcanos Mayores se ubican en espejo con respecto a nosotros: por ejemplo, La Emperatriz sostiene su cetro en la mano que está frente a nuestra derecha. En cambio, las Figuras se presentan ante nosotros como interlocutoras: los Reyes y las Reinas sostienen su objeto de poder en la mano derecha, que está a nuestra izquierda.

Sin embargo, cuando leemos el tarot, tendemos a ubicar las cartas en el sentido de la escritura, de izquierda a derecha, y en general como en una línea del tiempo, donde el espacio izquierdo representa el pasado y el derecho, el futuro.

Del mismo modo, si observamos los Arcanos Mayores, el espacio celeste o espiritual se encontrará en la parte superior de la carta (donde aparecen los ángeles en los arcanos VI y XX) y el ámbito material, las energías de la Tierra, en la parte baja de la carta (por ejemplo, las dos serpientes que se entrecruzan a los pies de La Templanza).

Algunos Arcanos Mayores forman parejas o asociaciones: La Fuerza con El Mago, La Papisa con El Papa, La Emperatriz con El Emperador, La Estrella con El Carro, La Luna con El Sol... Como en la carta de El Juicio, lo femenino estará a nuestra izquierda y lo masculino, a nuestra derecha.

En cambio, cuando se ubican un Rey y una Reina frente a frente, será el Rey quien esté a la izquierda y la Reina a la derecha, ya que la regla de orientación de las Figuras es diferente.

Un pequeño ejercicio para familiarizarse con los símbolos

Compara dos cartas al azar y busca eso que tienen en común: gestos, objetos, cantidad de personajes, dirección de la mirada... El tarot es una verdadera enciclopedia de símbolos y muchos de ellos aparecen de formas diversas en varias cartas. También puedes identificar todas las transformaciones que sufren el basto, la espada, la copa y el oro en las distintas cartas, pensando en el sentido que cada uno de estos cuatro símbolos tiene en el tarot. Por ejemplo, la espada, símbolo de la Palabra, se encuentra en la mesa de El Mago en la forma de un cuchillo, y también aparece en la mano de La Justicia o contra el pecho del personaje celeste en La Rueda de la Fortuna, etc. La dirección de las miradas y los gestos de las manos también son muy significativos.

Leer el tarot

El objetivo de una lectura de tarot es iluminar el presente, lo que también supone reconocer las influencias inconscientes del pasado y proyectar intenciones posibles en un futuro cercano. Cuando leas las cartas para alguien, recuerda que todo lo que ves es una interpretación propia. Es importante cuidarse de no proyectar nada negativo o agresivo en la persona que está ante uno. Más bien al contrario: deja un espacio libre para sentir el efecto de tus propuestas en el o la consultante, e incluso pregúntale sinceramente qué piensa. Preocúpate por ayudar, iluminar, permitir al consultante tomar sus propias decisiones. Si la persona no está de acuerdo con tu lectura, no intentes persuadirla: es ella quien tiene razón, ya que se trata de su propia existencia. Del mismo modo, cuida tus gestos. Asegúrate de mantenerte en una actitud neutra, equilibrada, medida. Deja que tu voz brote del corazón, como si le hablaras a un ser querido o a un niño.

La lectura del tarot es una conversación benevolente que se desarrolla en paz.

✷

El juego de tarot en blanco y negro que ilustra este libro es una creación digital inspirada en los moldes del tarot histórico grabado por Claude Pater e impreso en Dijon por Pierre Madenié en 1709.

Fue diseñado por el Colectivo Del Tarot compuesto por Marianne Costa, Javi Moreno y Eric Carpe Lomas.

✷

MAZO DE CARTAS

EL LOCO
I
EL MAGO
II
LA PAPISA
III
LA EMPERATRIZ
IIII
EL EMPERADOR
V
EL PAPA

VI
EL ENAMORADO

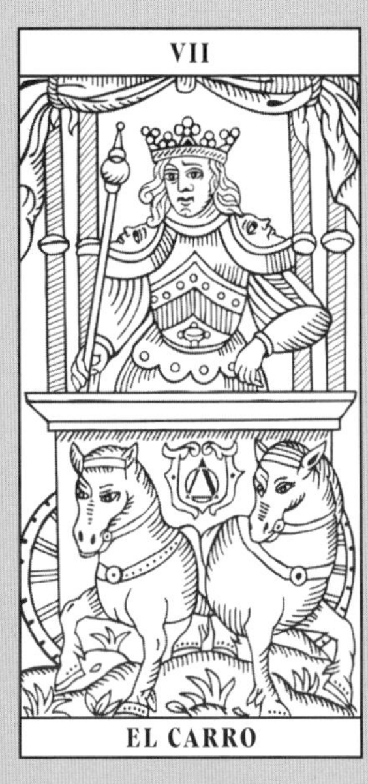
VII
EL CARRO

VIII
LA JUSTICIA

VIIII
EL ERMITAÑO

X
LA RUEDA DE LA FORTUNA

XI
LA FUERZA

XII
EL COLGADO

XIII
EL ARCANO SIN NOMBRE

XIIII
LA TEMPLANZA

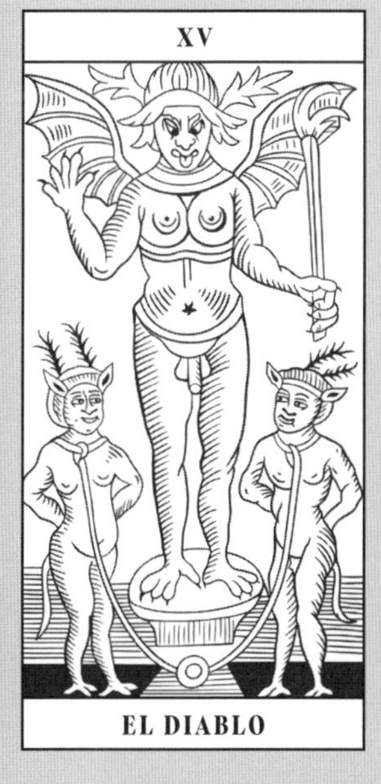
XV
EL DIABLO

XVI
LA TORRE

XVII
LA ESTRELLA

XVIII
LA LUNA

XVIIII
EL SOL

XX
EL JUICIO

XXI
EL MUNDO

AS DE ESPADAS

PAJE DE ESPADAS

REINA DE ESPADAS

REY DE ESPADAS

CABALLERO DE ESPADAS

AS DE COPAS

PAJE DE COPAS

REINA DE COPAS

REY DE COPAS

CABALLERO DE COPAS

AS DE OROS

PAJE DE OROS

REINA DE OROS

REY DE OROS

CABALLERO DE OROS

AS DE BASTOS

PAJE DE BASTOS

REINA DE BASTOS

REY DE BASTOS

CABALLERO DE BASTOS

Esta obra se terminó de imprimir
en el mes de junio de 2024,
en los talleres de Diversidad Gráfica S.A. de C.V.
Ciudad de México